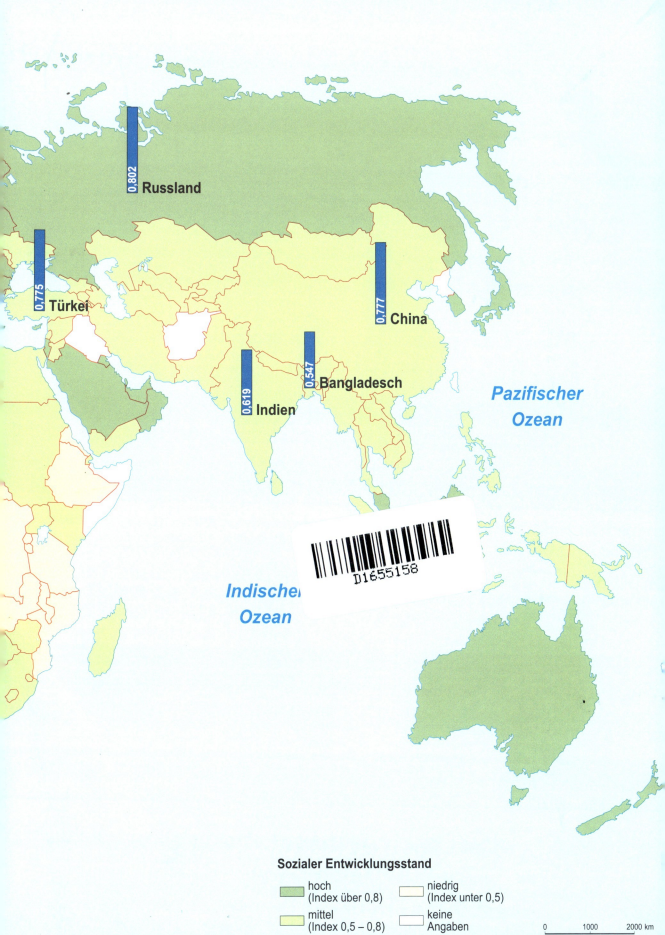

Seydlitz 8

Erdkunde

Autoren:
Stefanie Bacigalupo, Kulmbach
Andrea Eigner, Regensburg
Cornelia Heindl, Ebersberg
Susanne Krug, Regensburg
Katrin Pammer, Landau
Andreas Schatz, Taufkirchen/Vils
Julia Schreiegg, Vilsbiburg
Josef Thalmeier, Neuötting

Schroedel®

Mit Beiträgen von:
Svenja Bhatty, Katharina Eckinger, Albrecht Gehrke, Dorothea Hansen, Wilfried D. John, Christian Knollmüller, Franz-Peter Mager, Justus Spangenberg

© 2011 Bildungshaus Schulbuchverlage
Westermann Schroedel Diesterweg Schöningh Winklers GmbH, Braunschweig
www.schroedel.de

Das Werk und seine Teile sind urheberrechtlich geschützt. Jede Nutzung in anderen als den gesetzlich zugelassenen Fällen bedarf der vorherigen schriftlichen Einwilligung des Verlages. Hinweis zu § 52a UrhG: Weder das Werk noch seine Teile dürfen ohne eine solche Einwilligung gescannt und in ein Netzwerk gestellt werden. Dies gilt auch für Intranets von Schulen und sonstigen Bildungseinrichtungen.

Druck A^2 / Jahr 2013
Alle Drucke der Serie A sind inhaltlich unverändert.

Redaktion: Matthias Meinel
Karten, Grafiken: Freier Redaktionsdienst, Berlin; Heidolph, Kottgeisering
Satz: Yvonne Behnke
Druck und Bindung: westermann druck GmbH, Braunschweig

ISBN 978-3-507-52724-9

Liebe Schülerinnen und Schüler,
die Arbeit mit diesem Buch soll für euch interessant werden und euch im Fach Geografie Erfolg bringen.

Das Buch enthält Seiten, die mit gekennzeichnet sind. Hier lernt ihr wichtige Methoden und Arbeitstechniken ausführlich kennen. Diese Seiten sind so gestaltet, dass ihr euch die Arbeitstechniken auch selbstständig erarbeiten könnt.

Vielleicht möchtet ihr manchmal das Gelernte noch vertiefen oder euer Wissen erweitern. Der Hinweis „Zusatzthema" zeigt euch, bei welchen Themen dies spannend sein könnte. Solche Seiten sind mit gekennzeichnet.

Wenn ihr selbstständig mit dem Buch arbeitet, kann euch das „Geo-Lexikon" eine Hilfe sein. Hier findet ihr am Ende des Buches (Seite 132-135) Erläuterungen zu bestimmten Begriffen. Außerdem wird im Geo-Lexikon darauf verwiesen, auf welchen Seiten im Buch diese Sachverhalte dargestellt sind.

Zum Abschluss der vier Hauptkapitel findet ihr auf den mit gekennzeichneten „Wissen-Seiten" Hilfen und Anregungen, um Gelerntes zu wiederholen, einzuüben und zu verknüpfen.

Viel Freude beim Lernen und Arbeiten mit dem Buch!

Die Autoren

1 Angloamerika

Angloamerika – topografischer Überblick	8
z Spots on the USA	10
Land der klimatischen Gegensätze	12
z Wetterextreme in Nordamerika	14
Bevölkerung der USA	16
„American Way of Life"	18
Der amerikanische Traum – vom Tellerwäscher zum Millionär	20
Rücksichtsloser Umgang mit Ressourcen	21
Los Angeles – eine typische amerikanische Stadt	22
Die ganze Welt in einer Stadt	24
Wirtschaftsmacht USA	26
Shop until you drop?	29
Die US-Landwirtschaft – weltweit führend	30
Der Ursprung der Buns – Getreide aus der Kornkammer der USA	31
Beef Patties – das „Herzstück" eines jeden Burgers	32
Gemüse aus Kalifornien, dem Fruchtgarten der USA	33
z Beste Bedingungen am Brokenhead River	34
a Wir präsentieren …	36

2 Lateinamerika

Lateinamerika – topografischer Überblick	40
z Hochkulturen und Eroberer	42
Leben in Lima – der Traum vom Glück	44
Leben in Mexiko City – vom Traum zum Alptraum?	46
Straßenkinder in Rio de Janeiro	48
z Jugendliche in Lateinamerika	49
Amazonien – ein schützenswerter Naturraum	50
Zerstörung der tropischen Regenwälder – Beispiel Amazonien	52
Die Xingú – ein Leben im Regenwald	54
Die Uros – ein Leben auf einem Andensee	55
Plantagen – landwirtschaftliche Großbetriebe	56
Lieblingsfrucht Banane	58
a Erstellung und Auswertung eines Kausalprofils	60
z Lateinamerika und Deutschland – mehr Verbindungen als man denkt	62
w Auf der Suche nach dem Schatz des Quetzal	64

3 Südasien

Einreise in den Kulturraum Südasien	68
Bevölkerungsexplosion in Indien	70
Kinderarbeit in Südasien	72
Der Monsun prägt das Leben in Südasien	74
Indien lebt auf dem Land	76
Shining India – die Softwareschmiede der Welt	78
Frauen in Indien	80
Das Kastenwesen des Hinduismus	82
Mumbai – Indiens größte Metropole	84
z Faszination Himalaya und Karakorum	86
z Traumfabrik Bollywood	88
w Südasien	89

4 Ost- und Südostasien

Ost- und Südostasien im Überblick	92
Im Reich der Mitte	94
China – Werkbank der Weltwirtschaft	96
Reiche Städte – arme Dörfer	97
Unterschiedliche Lebensbedingungen in China	98
z Entlang des Jangtse – Umweltprobleme in China	100
China – das bevölkerungsreichste Land der Erde	102
Japan – Leben in ständiger Gefahr	104
Tokyo – 37 Millionen Menschen auf engstem Raum	106
Besuch in einer japanischen Familie	107
Die Schule – das zweite Zuhause	108
z Jugend im Wandel	109
Japanische Produkte – in der Welt zu Hause	110
Japans Umgang mit Natur und Umwelt	111
Reisanbau in Indonesien	112
w Mit einer Dschunke durch die asiatische Inselwelt	114

5 Nord-Süd-Gefälle

Was alle zum Leben brauchen	118
Leben in einem Industriestaat	119
Leben in einem Entwicklungsland	120
Leben in einem Schwellenland	121
z Eine andere Sicht der Dinge: anamorphe Karten	122
Weltweiter Handel – Globalisierung	124
Tourismus – Chance oder Fluch für Entwicklungsländer	126
Entwicklungshilfe – Hilfe zur Selbsthilfe	128
z Prominente als „Botschafter der Guten Sache"	129
z Armut – nur ein Thema in Entwicklungsländern?	130
z Soforthilfe, die ankommt	131
Geo-Lexikon	132
Bildnachweis	136

1 Angloamerika

Grand Canyon (USA)

Angloamerika – topografischer Überblick

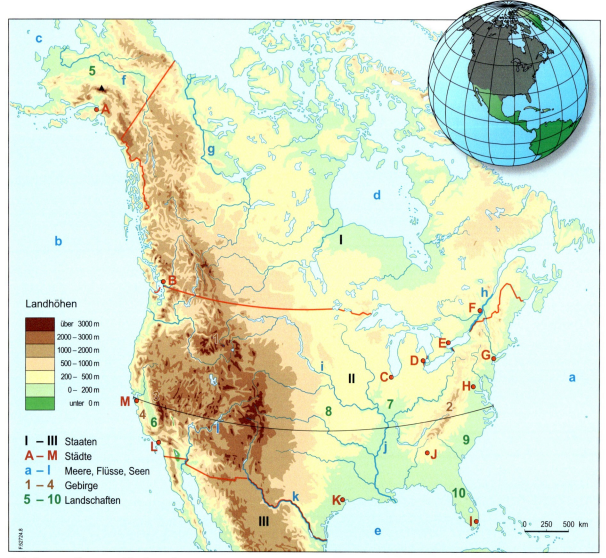

8.1 Stumme Karte von Nordamerika

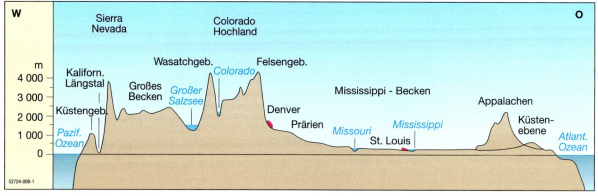

8.2 Höhenprofil durch die USA

„On the road again" – mit dem Motorrad quer durch die USA

Eine Tour durch Angloamerika? Ein Traum für viele Biker – nicht nur wegen der eindrucksvollen Landschaften und den unterschiedlichsten klimatischen Verhältnissen, sondern auch wegen der Weite des Landes.

Ausgangspunkt unseres Trips ist New York an der Atlantikküste. Wir verlassen die hektische Stadt und fahren nach Westen. Zunächst geht es durch die Küstenebene, aber bald zieht sich unser Weg serpentinenartig bergauf. Auf einer bewaldeten Kuppe verschnaufen wir einen Augenblick und genießen die herrlich nach Holz und Wald duftende Sommerluft. Am Südrand der Großen Seen brausen wir dann ins Herz Amerikas, in die Innere Ebene (Central Plains). Diese wird vom Mississippi und Missouri entwässert. Wir genießen den traumhaften Blick über das weite Land. Westlich von Omaha, einem der Tore zum „Wilden Westen", wird die Landschaft vegetationsärmer. Hier zogen einst die Pioniere mit ihren Planwagen nach

9.1 Mit dem Motorrad durch die USA

Westen. Die Route 66 führt uns weiter in die Rocky Mountains. Gut, dass gerade Sommer ist, denn im Winter sind die Pässe immer wieder durch die Schneemassen unpassierbar. Wir fahren den Colorado River entlang und bewundern den Grand Canyon. Schließlich gelangen wir über Las Vegas, das Spielerparadies mitten in der Wüste, nach Los Angeles an die Pazifikküste.

Nordamerika oder Angloamerika?

Amerika ist ein Doppelkontinent. Naturräumlich betrachtet, teilt der Panamakanal Nord- und Südamerika. Zu Nordamerika werden auch die Länder Mittelamerikas sowie die karibische Inselwelt gezählt.

Die Begriffe Anglo- und Lateinamerika verwendet man, wenn man von **Kulturerdteilen** spricht. Angloamerika war überwiegend britisch kolonisiert und umfasst heute die Staaten Kanada und USA. Offizielle Sprache ist Englisch, in einigen Teilen Kanadas auch Französisch. In Lateinamerika dominieren hingegen die südeuropäischen Sprachen Spanisch und Portugiesisch.

9.2 Flaggen der USA und Kanadas

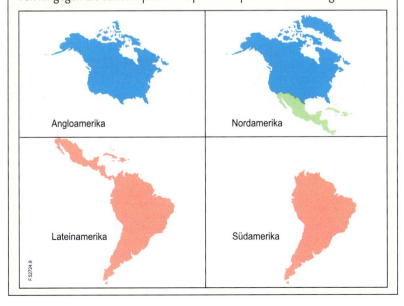

AUFGABEN >>

1. Bestimme mithilfe des Atlas und Abb. 8.1 die Staaten (I-III), Städte (A-Q), Gewässer (a-q), Gebirge (1-4) und Landschaften (5-10).
2. Grenze mithilfe einer Wandkarte Angloamerika und Nordamerika räumlich ab.
3. Finde die Bedeutung der kanadischen sowie der US-amerikanischen Flagge heraus.

Spots on the USA

Yellowstone National Park

Founded in 1872 Yellowstone National Park is regarded as the oldest national park in the world. So it became an example for many other national parks worldwide. It is mainly located in the U.S. state of Wyoming. In the north-south direction it extends over a distance of 102 kilometres and it is 87 kilometres west to east. It has got its name from the Yellowstone River, which flows through the park. Grizzlies and wolves are only two examples of its extensive wildlife. Apart from that it is also known for its geothermic activities becoming visible in geysers and hot springs.

This heavy volcanic activity is down to the fact that the national park mainly lies in the crater of the Yellowstone Volcano, one of the biggest volcanoes in the world. Probably the most famous attraction of the park is Old Faithful, a geyser living up to its name: It sounds unbelievable, but every 60 to 90 minutes it shoots steaming water up to a height of 50 metres. Further sights are the Grand Canyon of the Yellowstone and the hot thermal springs of Mammoth which attract millions of visitors every year.

Death Valley

Death Valley is located in the Mojave Desert in the southwestern United States. It is regarded as one of the hottest and driest places in the world, although it is only a few hundred kilometers away from the Pacific Ocean. One reason for that phenomenon is that the wet air masses from the east can't get over the mountains which surround the valley.

3000 years ago a lake in the valley dried up leaving a salt lake. The place is now called Badwater. With a height of 85.5 meters below sea level it is not only the lowest point of the valley, but it is also the lowest location in the USA. Badwater holds the record for the highest reported temperature in the USA: 56 °C.

The Niagara Falls
These world famous waterfalls are located between the state of New York in the USA and the province of Ontario in Canada. The Indian word Niagara means as much as "thundering water" – a name which is rather suitable: On the Canadian side of the border the water of the Niagara River roars more than 52 meters down into the depth. These falls are called Horseshoe Falls and they are 792 meters wide. The falls on the American side, the so-called American Falls, are 363 meters wide and they drop down 21 meters.

Every year several millions of people are drawn to this extraordinary place, where two of the Great Lakes are spectacularly connected by the Niagara River.

The Everglades
Located on the southern tip of the U.S. state of Florida, these huge sawgrass prairies are more than twice the size of the German federal state Saarland. The Everglades are in fact a swampland formed by a river, which at first sight doesn't really look like a river at all: it is 60 kilometers wide and for the most part only a few centimeters deep, so that it is nearly completely overgrown with sawgrass. Yet the river slowly moves, the water flowing at a speed of one meter per hour.

The subtropical climate with heavy rainfalls causes many plants to grow. The result is a kind of jungle vegetation which offers a protected habitat to a variety of animals like pelicans, raccoons, pumas and wild flamingos. But the main attraction are the enormous alligators which can grow to six meters long.

During the dry season the sawgrass prairies are always threatened by fire. Another threat could be the rise of the sea level caused by global warming: The highest point in the Everglades is only 2.4 meters above sea level so that salt water could get into the swampland and as a result destroy it.

TASKS >>

1. Compare these miracles of nature with each other and find out something about their climate, position and special characteristics.
2. Find three more national parks in North America and make a short description. Use your atlas, the internet.

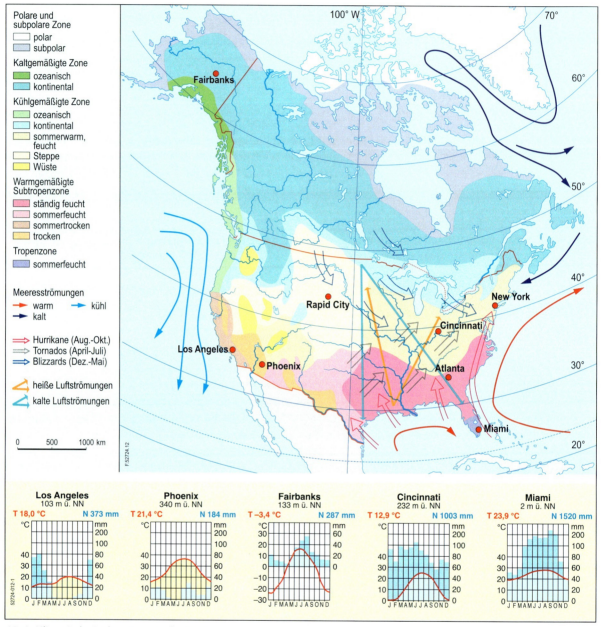

12.1 Klimatische Bedingungen in den USA

Land der klimatischen Gegensätze

Durchquert man auf einer Reise Angloamerika von Nord nach Süd oder von West nach Ost, kann man die unterschiedlichsten klimatischen Ausprägungen erleben. Denn Angloamerika erstreckt sich über nahezu alle Klimazonen (Abb. 14.1):
- im Norden die polaren Inseln Kanadas
- im Süden die ständig feuchten subtropischen Gebiete Floridas
- im Westen die von mildem Seeklima beherrschten Küsten
- im Nordosten die im Winter eiskalten Küstengebiete

Uns Europäern ist häufig nicht klar, dass Berlin die gleiche geografische Breite aufweist wie die südliche Hudsonbay, die die meiste Zeit des Jahres zugefroren ist, und dass New York mit seinen Winter-Schneestürmen auf der gleichen Breite wie Neapel liegt (Abb. 13.3).

13.1 und 2 Cincinnati am 15. Januar in verschiedenen Jahren

Gründe für die klimatischen Unterschiede

Doch warum herrschen in Angloamerika völlig andere klimatische Verhältnisse als in Europa? Wie du bereits in der sechsten Klasse gelernt hast, wird das Klima nicht nur von der geografischen Breitenlage bestimmt, sondern auch noch von weiteren Klimafaktoren.

In Nordamerika haben zum Beispiel Meeresströmungen wie der Labradorstrom an der Atlantikküste erheblichen Einfluss auf das Klima an der Ostküste. Dieser kalte Strom bringt eisige Wassermassen bis in die Subtropen.

Außerdem erstrecken sich – anders als in Europa – die Gebirge in Nord Süd-Richtung. So können heiße Luftmassen ebenso ungehindert bis nach Kanada vordringen wie arktische Polarluft bis nach Florida. Deshalb ist es möglich, dass z. B. in Cincinnati im Januar in einem Jahr -27 °C herrschen, in einem anderen Jahr hingegen +25 °C (Abb. 13.1 und 2). In Europa ist das unmöglich. Hier bilden die von West nach Ost verlaufenden Alpen eine natürliche Barriere.

Die Erstreckung der Gebirge von Norden nach Süden beeinflusst auch die unterschiedliche Niederschlagsverteilung. Generell gilt: Je weiter ein Ort von den Küsten entfernt liegt, desto geringer fällt die Summe der Niederschläge aus. Im Westen sind dafür hauptsächlich die Rocky Mountains verantwortlich. Feuchte pazifische Luftmassen regnen sich an der Westseite der Gebirgsketten ab, sodass die Gebiete östlich der Sierra Nevada kaum Niederschläge abbekommen. Deshalb finden sich hier ausgeprägte Trockengebiete wie die Mojavewüste mit dem Death Valley (> S. 10).

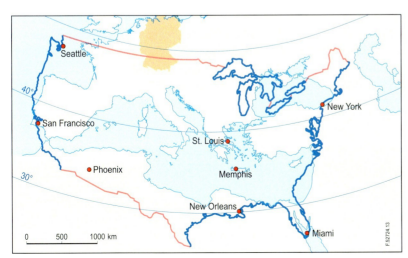

13.3 Die USA auf Europa projiziert

AUFGABEN >>

1. Erkläre, welche Faktoren besonderen Einfluss auf das Klima in Nordamerika haben.
2. a) Suche Orte in Europa, die auf gleicher Breitenlage wie New York liegen.
   b) Vergleiche mithilfe des Internets die klimatischen Besonderheiten der Orte. Welche Unterschiede stellst du fest?
   c) Nenne Gründe für die Unterschiede.

Wetterextreme in Nordamerika

14.1 Blizzard

14.2 Zerstörungen durch einen Tornado (oben: Tornado)

Blizzard

In Nordamerika gibt es keine von Westen nach Norden verlaufenden Gebirge. Daher kann im Frühjahr auf der Rückseite von Tiefdruckgebieten Kaltluft aus dem Norden über Kanada bis weit in das Gebiet der USA strömen. Dann kommt es in diesen Bereichen zu katastrophalen Schneestürmen, den Blizzards. Ihre Ausdehnung beträgt mehrere hundert Kilometer.

2005 wurden auf dem „Grandfather Mountain" in North Carolina bei einem Blizzard Windgeschwindigkeiten von 240 km/h gemessen. Aber auch wenn der Wind mit 80 km/h über eine schneebedeckte Landschaft stürmt, kommt es zu schweren Verwehungen. Bei Sichtweiten unter einem Meter verliert man im Sturm völlig die Orientierung. Bei Blizzards wird es oft schlagartig um bis zu 30 Grad Celsius kälter. Deshalb kommt es auch zu starkem Niederschlag, der etwa Boston 2005 eine Schneedecke von 90 Zentimetern bescherte. Das öffentliche Leben brach zusammen. Straßen waren blockiert, der Flughafen wurde 30 Stunden lang geschlossen. 36 000 Menschen mussten stundenlang ohne Strom ausharren. 15 Menschen kamen im Zusammenhang mit dem Sturm ums Leben, viele allerdings, weil sie vor Aufregung oder beim Schneeschaufeln einen Herzinfarkt erlitten.

Tornado

Die höchste je auf der Erde gemessene Windgeschwindigkeit trat 1999 mit mehr als 500 km/h bei einem Tornado in Oklahoma auf. Tornados sind Windhosen, die aus einer Gewitterwolke wie ein Schlauch oder Trichter bis zur Erdoberfläche reichen. Ihre genaue Entstehung versuchen Wissenschaftler noch zu erforschen. Sie hängt aber mit dem Aufeinandertreffen von feuchtwarmer Luft aus dem Süden und einer kälteren Luftmasse aus Nordwest zusammen. Tornados treten meist im Frühsommer auf, in den subtropischen Gebieten der USA muss jedoch das ganze Jahr über damit gerechnet werden. Pro Jahr werden in den USA im Durchschnitt 700 Tornados gezählt.

Sie entstehen plötzlich und dauern meist weniger als zehn Minuten. Dort, wo sie aufgetreten sind, bleibt eine Schneise der Verwüstung, die zwischen wenigen Metern und mehreren hundert Metern breit sein kann. Innerhalb dieser Schneise bleibt kein Stein auf dem anderen. Ganze Häuser werden buchstäblich zerrissen, Bäume entwurzelt, Teiche mit ihrem gesamten Inhalt leer gesaugt, Autos aufgewirbelt und zum Teil kilometerweit mitgerissen. Wenige Meter neben der Schneise bleibt jedoch alles unberührt – so, als wäre nichts gewesen.

AUFGABEN >>

1. Erstellt in Partnerarbeit Steckbriefe zu den unterschiedlichen Wetterextremen.
2. Sucht im Internet Informationen, wie viele Blizzards, Tornados und Hurrikans heuer beobachtet wurden.

15.1 Ein Hurrikan nähert sich Floridas Ostküste

Hurrikan

Von Juli bis Oktober ist in Mittel- und Nordamerika „Hurrikan-Saison". Fast ausschließlich zu dieser Zeit treten dort diese riesigen tropischen Wirbelstürme auf und verwüsten oft ganze Landstriche.

Hurrikans entstehen weit entfernt von Amerika in den tropischen Gewässern vor Westafrika. Dort ist das Wasser sehr warm, es verdunstet und kondensiert in der Höhe wieder. Dadurch wird Energie frei, die den Wolkenwirbel, der eine Ausdehnung von über 1 000 Kilometern annehmen kann, weiter antreibt.

Auf dem Weg über den Atlantik versorgt immer mehr aufsteigende feuchte Luft das Wolkensystem mit Energie, bis es sich mit Windgeschwindigkeiten von bis zu 300 km/h um ein wolkenloses Zentrum dreht. In diesem „Auge" sinkt sehr viel Luft senkrecht nach unten, weshalb hier kaum Wind zu spüren ist.

Die Geschwindigkeit, mit der sich die Wolkenwirbel fortbewegen, liegt meist nur bei 30 bis 50 km/h. Auf ihrem Weg können sie deshalb auf Satellitenbildern (Abb. 15.1) sehr gut beobachtet und die Menschen rechtzeitig gewarnt werden. Schäden wie abgedeckte Häuser, umgeknickte Stromleitungen und schwere Überschwemmungen lassen sich aber nicht vermeiden. Erreicht ein Hurrikan die Küste, fehlt ihm der Nachschub an feuchter Luft und er wird schnell schwächer.

Zur Auswertung des Satellitenbildes:
1. Betrachte das Bild genau und beschreibe, was darauf abgebildet ist.
2. Finde heraus, welchen Kartenausschnitt das Bild zeigt. Nutze erkennbare Küstenlinien und Inseln.
3. Stelle anhand der Abb. 15.2 fest, wann das Bild aufgenommen wurde.
4. Messe und berechne die Ausdehnung des abgebildeten Ausschnitts, um eine Vorstellung von der Größe des Wolkenwirbels zu bekommen.
5. Beachte die Details des Bildes. Wo findet sich besonders dichte Bewölkung, wo ist sie aufgelockert, wo gar nicht vorhanden?
6. Beschreibe anhand des Satellitenbildes die Kennzeichen des Hurrikans.

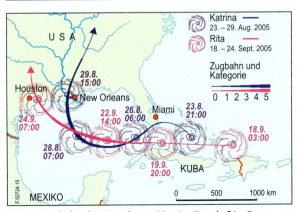

15.2 Zugbahn der Hurrikane „Katrina" und „Rita"

16.1 Zeitleiste zur Geschichte der USA

16.2 Treck in den Westen (um 1880)

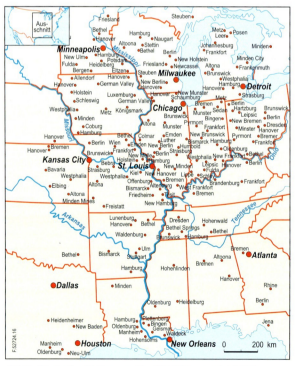

16.3 Deutsche Ortsnamen im Mittelwesten der USA

Bevölkerung der USA

Der amerikanische Kontinent ist im Vergleich zu Europa dünn besiedelt. Die USA haben rund 300 Millionen Einwohner, so dass dort im Durchschnitt 31 Menschen pro Quadratkilometer leben (Deutschland: 230 Ew./km^2) Mit großem Entdeckergeist strebten ab dem 16. Jahrhundert europäische Neuankömmlinge immer weiter in Richtung Westen, was zwangsläufig zu Konflikten mit den Ureinwohnern, den Indianern, führen musste. Letztlich behielten die Einwanderer die Oberhand und rotteten in zahllosen Kriegen die Ureinwohner nahezu aus. Die verbliebenen Indianer wurden in Reservate umgesiedelt. Heute machen sie nur noch ungefähr 1 Prozent der US-amerikanischen Bevölkerung aus.

Die Menschen, die aus Europa den Sprung in die neue Welt wagten, waren in ihrer Heimat oft arm und chancenlos. Viele wurden auch aufgrund ihrer Religion unterdrückt. Deshalb brachten sie die Idee einer freien und demokratischen Gesellschaft mit, in der jeder für sein eigenes Glück verantwortlich sein sollte. Diese Vorstellung von einer Chance für jeden, der tüchtig ist, prägt die amerikanische Gesellschaft bis heute.

Im Jahr 1619 landete in Jamestown (Virginia) ein Schiff mit 20 Afrikanern an Bord. Damit begann ein beschämendes Kapitel der US-amerikanischen Geschichte. Die Weißen behaupteten, die schwarzen Afrikaner seien eine minderwertige Rasse und begründeten so die Sklaverei. Als Eigentum der Weißen mussten die Schwarzen in den folgenden zweihundert Jahren ohne Lohn auf Tabak- und Baumwollplantagen arbeiten. Erst im Jahr 1865 wurde die Sklaverei abgeschafft.

Die US-Bevölkerung wird oft als eine Verschmelzung unterschiedlicher ethnischer Gruppen bezeichnet. Man hat daher das Bild des Schmelztiegels **(melting pot)**

1945: Die USA haben wesentlichen Anteil an der Beendigung des Zweiten Weltkrieges

50er-Jahre: Mit dem Bau von Atomraketen entwickeln sich die USA zur weltweit führenden Militärmacht

 60er-Jahre: Der Bürgerrechtler Martin Luther King verschafft den Schwarzen mehr Rechte. Er wird ermordet.

am 20. Juli 1969 betreten die Astronauten der amerikanischen Mission Apollo 11 als erste Menschen den Mond

 11. Sep. 2001: Bei Terroranschlägen sterben mehr als 3000 Menschen

am 4. Nov. 2008 wird Barak Obama zum ersten schwarzen Präsidenten gewählt

geprägt, in dem sich Menschen aus aller Welt zu einer neuen Nation zusammenfinden und ihre alte nationale Identität ablegen. Die verschiedenen Volksgruppen vermischen sich und geben ihre eigene Sprache zugunsten der englischen auf. Alle fühlen sich als Amerikaner.
Dieses Bild gilt mittlerweile als überholt. Zu deutlich zeigen sich in der amerikanischen Gesellschaft die Grenzen zwischen den einzelnen Gruppen. Die meisten Schwarzen gehören nach wie vor zur verarmten und ungebildeten Unterschicht – von den wenigen abgesehen, die einen gesellschaftlichen Aufstieg schafften (oft durch den Sport oder die Musik). Auch unter den **Hispanics**, den Einwanderern aus Mittel- und Südamerika, ist die Armutsrate dreimal so hoch wie im Landesdurchschnitt. Neue Einwanderer gruppieren sich häufig zu bereits ansässigen Landsleuten, so dass sich oft ethnische Viertel (z. B. „Chinatown" > S. 24, „Little Italy") bilden. Die unterschiedlichen Bevölkerungsgruppen haben oft wenig miteinander zu tun. Das Bild vom melting pot wurde inzwischen vom Bild der „salad bowl" abgelöst.

17.2 *Freiheitsstatue in New York*

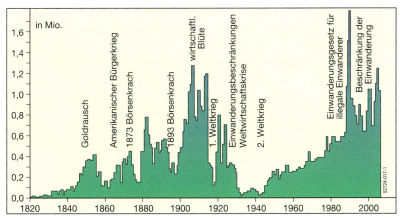
17.1 *Einwanderung in die USA*

AUFGABEN >>

1. Erkläre, weshalb das Bild des „melting pot" in Bezug auf die USA nicht mehr zutrifft.
2. Übersetze den Begriff „salad bowl" und deute ihn.
3. Wähle eines der genannten geschichtlichen Ereignisse und recherchiere dazu (Abb. 16.1).
4. Welche Ortsnamen in den USA (Abb. 16.3) könnten auf Einwanderer aus Süddeutschland hinweisen?

„American Way of Life"

„Das ist typisch amerikanisch!" Wer solche Sätze sagt, läuft sehr schnell Gefahr, sich auf Vorurteile einzulassen. Schließlich leben in den USA mehr als 300 Millionen Menschen, die alle unterschiedlich denken, fühlen und handeln.

Dennoch gibt es eine bestimmte Lebensweise, die sich vor allem in den USA findet oder deren Ausprägung sich zuerst dort verbreitete. Kennzeichnend sind eine starke Ausrichtung am Konsum (Shopping), Offenheit für Neues, Freiheitsdrang und Demokratiebewusstsein gepaart mit Sendungsbewusstsein und einer starken christlichen Religiosität.

Inzwischen orientieren sich weltweit Menschen an dieser Lebensweise und viele US-Bürger sind stolz, diesen „American Way of Life" zu pflegen.

18.1 Patricia und ihr Vater Frank

Räumliche Mobilität

Patricia (14 Jahre) erzählt:

„Bei uns im Schuppen stehen noch Kisten, die wir seit dem letzten Umzug noch nicht ausgepackt haben. Und dabei werden wir in sechs Wochen schon wieder umziehen. Es ist dann der fünfte Wohnortwechsel in meinem Leben.

Eigentlich stammen wir ja aus Cleveland, Ohio, doch an die Zeit kann ich mich gar nicht mehr erinnern. Weil mein Dad arbeitslos wurde, sind wir, als ich drei Jahre alt war, von dort weg. Wir zogen erst mal zu meiner Oma, die damals in Memphis, Tennessee, wohnte, der Heimatstadt von Elvis Presley. Hier besuchte ich auch meine erste Schule.

Als ich in der zweiten Klasse war, zogen wir dann nach Evansville in Indiana. Die 320 Meilen sind wir am Wochenende oft mit dem Auto gefahren, um Oma zu besuchen. Das dauerte gut fünf Stunden. Wir erzählten uns Geschichten, hörten unsere Lieblingssongs und ich fand es schön, am Mississippi entlang zu fahren.

Das ging natürlich nicht mehr, als wir dann an die Westküste gezogen sind. In Huntington Beach, einem Vorort von Los Angeles, war zwar das Wetter immer schön und es gab den herrlichen Strand. Aber ich hatte dort wirklich Schwierigkeiten mich in meine neue Klasse einzugewöhnen. Die behandelten mich alle total von oben herab, obwohl fast keiner schon länger als drei Jahre hier gewohnt hatte.

Na ja, es war ja von vornherein klar, dass wir nur ein Jahr bleiben würden. Es ging dann hierher, rauf in den Norden, nach Seattle. Im Vergleich zu L.A. war das ein echter Klimaschock. Oma wohnt inzwischen in Florida, 2550 Meilen entfernt. Ich freu mich schon, wenn wir jetzt dann wieder in den Osten umziehen, nach Atlanta. Dann sind es nur noch 860 Meilen zu Oma."

Soziale Mobilität

Frank (50 Jahre) erzählt:

„Die Frage, wo wir zu Hause sind lässt sich bei uns Amerikanern meist gar nicht so einfach beantworten. Dazu sind wir ein zu rastloses Volk. Ich bin fest davon überzeugt, dass man versuchen sollte, immer weiterzukommen und nicht stehen zu bleiben. Deshalb muss man auch sehr flexibel sein.

Als wir in Cleveland lebten, brachen durch eine Wirtschaftskrise im ganzen Nordosten der USA viele Arbeitsplätze weg. Deshalb haben wir dort keine Zukunft mehr gesehen. Nach einigen Anläufen in Memphis habe ich dann in der Nähe einen Job mit guten Aufstiegsmöglichkeiten bekommen. Diese Chance habe ich genutzt.

Als ich dann ein Jahr später das Angebot bekam, für ein Jahr in Los Angeles ein Projekt zu leiten, habe ich natürlich gleich zugeschlagen. Damals habe ich auch wirklich sehr gut verdient. Man kann schon sagen, dass wir zur gehobenen Mittelklasse gehörten. Seit dieser Zeit lege ich auch großen Wert darauf, dass wir alle krankenversichert sind, auch wenn es mir heute sehr schwer fällt, monatlich so viel Geld von meinem Verdienst abzuzweigen.

Das Projekt in L.A. konnte leider die Erwartungen nicht erfüllen, weshalb ich als Leiter meinen Job verlor. Es bot sich aber die Gelegenheit, mich an einer anderen Firma zu beteiligen und so bin ich nun Unternehmer. Jetzt kann ich selbst Leute einstellen oder entlassen. Das geht bei uns relativ schnell. Natürlich ist es mir lieber, Mitarbeiter einzustellen. Aber wenn die Geschäfte nicht laufen, muss man sich eben von einigen Arbeitskräften schnell wieder trennen.

Insgesamt glaube ich schon, dass es möglich ist, seine eigene Situation zu verbessern. Aber einen echten sozialen Aufstieg schaffen auch bei uns nur die wenigsten."

19.1 Amerikanisierung – auch in Arabien?

DER NEUE STARTREND

Coole Printshirts und sexy Farbtupfer sind megatrendy. Nicht nur Ashleys Musik wird rockiger, sondern auch ihr Style!
Ashley Tisdale hat ihren Style komplett geändert. Schluss mit Pastell-Farben und Rüschenkitsch: Jetzt sind braune Mähne, heiße Rockoutfits und superenge Jeans angesagt. Clever: Ashley pimpt ihr Outfit mit coolen Schmuck-Accessoires. So wird ihre Bühnenshow zum hippen Modeevent.

Auszug aus einer Jugendzeitschrift

Die Amerikanisierung der Welt

Der „American Way of Life" ist auch deshalb ein so wichtiger Begriff, weil sich einzelne Elemente davon inzwischen weltweit wiederfinden. Auch in unserem ganz persönlichen Umfeld treffen wir täglich auf „amerikanische Verhältnisse".

19.2

19.3 Werbung für Cola in Thailand

AUFGABEN >>

1. Verfolge Patricias Lebensweg auf einer Landkarte.
2. Welche Probleme ergaben sich für sie durch die häufigen Umzüge?
3. Erkläre mit eigenen Worten, was man unter räumlicher und sozialer Mobilität versteht.
4. Welche weltweit verbreiteten Elemente des „American Way of Life" werden auf Seite 19 angeführt?
5. Welche weitere Amerikanisierung der Welt kannst du feststellen?

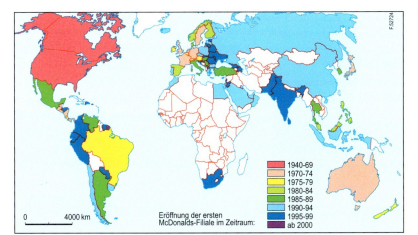

19.4 Weltweite Verbreitung von McDonald's

Der amerikanische Traum – vom Tellerwäscher zum Millionär

So verschieden die amerikanischen Bürger auch sind – in ihrer Herkunft, ihrer Hautfarbe oder ihrer Religion – eine grundlegende Einstellung findet sich doch quer durch alle Bevölkerungsschichten: der Glaube daran, sein eigenes Glück selbst in der Hand zu halten.

Zurückgehend auf den Freiheitswunsch der ersten Einwanderer fand „das Streben nach Glück" als ein unveräußerliches Menschenrecht sogar Eingang in die amerikanische Unabhängigkeitserklärung. Auch deshalb haben sich in Amerika eine Offenheit für Neues, Risikobereitschaft und eine zupackende Mentalität tief in der Gesellschaft verankert und bis heute erhalten.

20.1 Der amerikanische Traum – eine Illusion?

Im „Land der unbegrenzten Möglichkeiten" ist jeder seines Glückes Schmied. Der Staat regelt so wenig wie möglich und lässt den Bürgern freie Hand, sich zu verwirklichen (**freie Marktwirtschaft**).

Nirgendwo sonst ist es so leicht, mit einer Geschäftsidee eine Firma zu gründen und auch einen Investor zu finden, der sich mit seinem Kapital an der neuen Firma beteiligt. Geht die Firma pleite, versucht man es einfach mit einer neuen Geschäftsidee.

Die Vorstellung einer Gesellschaft, in der jeder sein Glück selbst in der Hand hat, besitzt jedoch auch ihre Schattenseiten. Schließlich vermittelt sie auch die Einstellung, dass die Armen und Erfolglosen selbst Schuld sind an ihrer Situation. Im harten Wettbewerb ist eine Ellbogenmentalität gefragt, die sich gegen Mitbewerber durchsetzt. Wer es geschafft hat, beruhigt sein Gewissen auf Wohltätigkeitsveranstaltungen.

Für viele Millionen Amerikaner ist der Amerikanische Traum ohnehin eine Illusion. Sie arbeiten zwar hart (teilweise in zwei oder drei Jobs gleichzeitig), schaffen aber dennoch keinen sozialen Aufstieg. Man nennt sie die „working poor". Und so leben heute in einem der reichsten Länder der Erde dennoch 50 Millionen Menschen an der Armutsgrenze.

Die Erfolgsgeschichte von Bill Gates

20.2 Bill Gates

Bill Gates fing nicht gerade als Tellerwäscher an, dafür hat er es nicht nur zum Millionär geschafft, sondern er zählt heute zu den reichsten Männern der Welt.

1955 in Seattle geboren, kam er erstmals in der achten Klasse mit Computern in Berührung und fand gleich großes Interesse am Programmieren. Mit 14 Jahren gründete er seine erste Firma und verdiente mit einem Programm 20 000 US-Dollar.

1973 begann er ein Studium, verbrachte aber die meiste Zeit im Computerraum der Hochschule. 1975 brach er sein Studium ab und gründete mit einem Schulfreund die Firma „Microsoft".

Sein Betriebssystem „Windows" stieß zunächst kaum auf Interesse. Gates entwickelte es mehrmals weiter, bis 1990 seine Version 3.0 ein Erfolg wurde. Innerhalb weniger Jahre wurde Windows das erfolgreichste Betriebssystem der Welt und nimmt inzwischen – auch aufgrund einer aggressiven Verkaufspolitik – nahezu eine Monopolstellung ein.

Rücksichtsloser Umgang mit Ressourcen

Die Fortschrittsgläubigkeit vieler Amerikaner führt inzwischen zu immer mehr Problemen, weil viele Menschen die natürlichen Ressourcen gedankenlos ausbeuten und alles den wirtschaftlichen Interessen unterordnen.

Wasserverbrauch
Jeder US-Bürger verbraucht im Schnitt 295 Liter Wasser pro Tag (zum Vergleich: Deutschland: 126 Liter/Tag). Vor allem die Industrie und Landwirtschaft verschlingen riesige Mengen, aber auch die Vorliebe der Amerikaner, im eigenen Pool zu schwimmen oder den Vorgarten zu bewässern, trägt dazu bei, dass beispielsweise in Kalifornien der Grundwasserspiegel jährlich um durchschnittlich 15 cm sinkt. Um die Wasserversorgung zu gewährleisten, plant man, dieses in Pipelines über mehrere tausend Kilometer aus Alaska und Kanada herbei zu transportieren.

Energieverbrauch
Breite Highways und hell erleuchtete Städte prägen das Bild der USA. Die amerikanische Gesellschaft ist noch stärker vom Auto abhängig als unsere. Dabei verbrauchen amerikanische Autos durchschnittlich etwa dreimal so viel Benzin wie europäische. Die Häuser sind oft schlecht isoliert und wo es heiß ist, brummt in nahezu jedem Haus eine Klimaanlage. Das führt dazu, dass die USA weltweit der größte Energieverbraucher sind und den höchsten Ausstoß an Kohlenstoffdioxid verursachen.

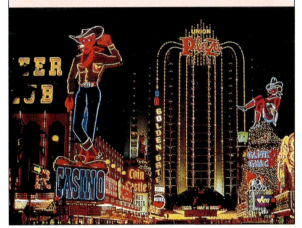

Bodenversiegelung und Luftverschmutzung
Die Weite des Kontinents führt zu einem sorglosen Umgang mit dem Boden. Zwischen 1992 und 2002 wurden täglich 220 Hektar Land (etwa 300 Fußballfelder) in Siedlungsfläche verwandelt und gingen damit unwiderruflich als natürlicher Lebensraum verloren. Die Städte breiten sich mehr und mehr aus, die immer größer werdenden Distanzen überbrückt man mit dem Auto. Das wiederum fördert die Luftverschmutzung. Die Schadstoffbelastung ist vor allem im Berufsverkehr hoch, weshalb viele Menschen unter Husten, Kopfschmerzen und Lungenproblemen leiden.

AUFGABEN >>

1. Beschreibe, wie sich die Idee des „Amerikanischen Traums" im Gesellschaftssystem äußert.
2. Erkläre den Begriff „working poor".
3. Nenne Probleme, die der amerikanische Fortschrittsglaube verursacht.

22.1-3 Los Angeles

Los Angeles – eine typische amerikanische Stadt

Der Name der Stadt kommt aus dem Spanischen und bedeutet auf Deutsch „Die Engel". Sie wird ja auch „City of Angels", „Stadt der Engel" genannt. Los Angeles gilt als einer der größten Ballungsräume der Welt (> Steckbrief). Trotz vieler Superlative ist L.A. eine Stadt wie viele andere in Nordamerika. Der Grundriss gleicht einem Schachbrett, die Straßen sind entweder von Nord nach Süd oder von Ost nach West ausgerichtet. Schräg verlaufende Straßen findet man nur selten. Dies liegt daran, dass viele nordamerikanische Städte auf dem Reißbrett geplant und den Stadtvierteln unterschiedliche Funktionen zuteil wurden.

Central Business District

Im Zentrum findet man den **Central Business District** (CBD) mit seinen vielen Wolkenkratzern, in denen vorrangig Büros von Dienstleistungsunternehmen (z. B. Banken, Versicherungen) untergebracht sind. Aufgrund der hohen Grundstückspreise wird hier in die Höhe gebaut. Um den CBD herum liegen die alten Industriegebiete, die aufgegeben wurden. In diesen tristen Vierteln lebt auch die Unterschicht. Vom Stadtzentrum führen breite Ausfallstraßen, die bis zu zehn Fahrspuren haben, aus der Stadt hinaus. Entlang dieser Straßen haben sich Tankstellen, Fastfood-Restaurants, Supermärkte, ja ganze Shopping Malls angesiedelt.

Steckbrief von Los Angeles
- Lage: Bundesstaat Kalifornien, am Pazifischen Ozean
- Einwohner: 4 Mio. *
  13 Mio. **
- Bevölkerungsdichte: 3300 Einwohner/km² *
  1030 Einwohner/km² **
- Fläche: 1290 km² *
  12500 km² **
- Ausdehnung:
  47 km (O-W), 71 km (N-S) *
  200 km (O-W), 100 km (N-S) **
  * Stadtgebiet
  ** Metropolitan Area
  (= Stadt inklusive Umland)

22.4

23.1 Luftbild von Los Angeles

Suburbs

Über die Ausfallstraßen erreicht man die gleichförmigen Siedlungen der Mittelschicht, die Suburbs (Abb. 25.3). Sie reichen bis weit ins Umland. Entstanden sind sie nach dem Zweiten Weltkrieg, da Wohnraum in den Innenstädten zu teuer war. Eine Besonderheit in den Suburbs sind die Gated Communities (Abb. 25.1). Hier handelt es sich um Siedlungen der Oberschicht, die z. B. durch Mauern und Überwachungsanlagen von den restlichen Siedlungen abgeschlossen sind.

Innerhalb der Wohnviertel bildeten sich im Lauf der Zeit Unterzentren mit Dienstleistungseinrichtungen, Bürogebäude und Malls (Edge Cities). Durch diese Entwicklung „starben" ganze Innenstädte aus.

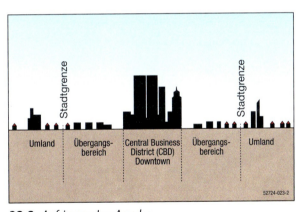

23.2 Aufriss von Los Angeles

L. A., die Autostadt

Einen gut funktionierenden öffentlichen Nahverkehr (Bus, U-Bahn) sucht man in Los Angeles vergeblich. Der Nahverkehr ist auf das Auto ausgerichtet. Auf breiten Ausfallstraßen gelangen die Menschen aus den Suburbs zur Arbeit in den CBD. Meist kommen sie dabei nur im Schritttempo voran. Darüber hinaus wird durch das hohe Verkehrsaufkommen die Luft stark verschmutzt, sodass L. A. zu den Städten mit der höchsten Smog-Belastung in den USA zählt.

AUFGABEN >>

1. Beschreibe den Aufbau einer nordamerikanischen Stadt.
2. Erkläre, warum sich Touristen in nordamerikanischen Städten leicht orientieren können.
3. Benenne im Luftbild (Abb. 23.1) die einzelnen Stadtsektoren.
4. Schildere Probleme der Stadt Los Angeles.
5. Finde mithilfe des Atlas weitere städtische Ballungsgebiete der USA.

24.1 In einem US-amerikanischen Lokal

24.2 Speisekarte eines China-Lokals

24.3 Chinatown

Die ganze Welt in einer Stadt

Schon seit Jahrhunderten sind die USA ein bevorzugtes Einwanderungsland. Im 19. Jahrhundert zog es insbesondere Europäer nach Nordamerika, später Chinesen und Hispanics (Menschen lateinamerikanischer Herkunft). Nicht zu vergessen sind die Menschen afroamerikanischer Abstammung, die meist Nachfahren von Sklaven sind. Idealerweise sollten sich deren verschiedene Kulturen zu einer neuen amerikanischen Kultur verschmelzen (melting pot, > S. 16).
Doch die Wirklichkeit sieht oft anders aus: Die verschiedenen Einflüsse der ethnischen Gruppen bestimmen zwar das Leben in den Städten, doch grenzen sie sich häufig voneinander ab (**Segregation**). Gerade Innenstadtviertel werden von der wohlhabenden, meist weißen Bevölkerung verlassen. Sie zieht in die Suburbs ab (> S. 23 und 25.3) oder verschanzt sich gar in Gated Communities (> S. 23 und Abb. 25.1).
Zurück bleiben ärmere Minderheiten, die sich in **Gettos** wie Chinatown (Abb. 24.3) oder Little Italy gegenüber den Angehörigen anderer Nationalitäten oder Hautfarben abgrenzen. Durch den Wegzug der wohlhabenden Bevölkerungsteile verfallen mit der Zeit ganze Stadtviertel. Zieht auch noch die Industrie ab, dann nehmen Armut und Arbeitslosigkeit in den Gettos weiter zu.

Da in den USA die Schulen vom Steueraufkommen der Stadtteilbewohner finanziert werden, sind diese in den Gettos häufig unzureichend ausgestattet. Viele Jugendliche können beim Verlassen der Schule weder richtig lesen noch schreiben. Die Perspektivlosigkeit, ohne Ausbildung und Beruf dazustehen, lässt sie oft in die Kriminalität abdriften. Auch diejenigen, die noch einen Job haben, werden meist so schlecht bezahlt, dass sie die gestiegenen Lebenshaltungskosten kaum aufbringen können. Es ist für viele schon schwer, die Miete zu bezahlen, an eine Kranken- oder Rentenversicherung ist gar nicht erst zu denken.
Besonders viele Hispanics und Schwarze leben unter der Armutsgrenze, was beispielsweise in Los Angeles bereits immer wieder zu sozialen Konflikten geführt hat.

25.1 Gated Community

25.2 Sprengung heruntergekommener Gebäude in der Innenstadt (Detroit)

Leben in einer Suburb – Jennifer erzählt

„Hi, ich bin 14 Jahre alt und lebe mit meiner Familie in Anaheim, einer Suburb von L.A. Hier gibt es nur Wohnhäuser, Geschäfte fehlen völlig, auch Fußwege sind eine Seltenheit. Als wir hierher zogen, haben sich meine Eltern die Nachbarschaft genau angesehen, weil man in den USA nur in Gegenden zieht, in denen Menschen mit dem gleichen sozialen Status leben.
Mom und Dad müssen beide mit dem Auto zur Arbeit fahren. Öffentliche Verkehrsmittel gibt es praktisch nicht. Mein Dad arbeitet Downtown, im CBD von L.A. bei einer Versicherung. Um dort hinzukommen, legt er täglich einfach über 60 Kilometer zurück. Meine Mutter arbeitet als Anwältin in einer Kanzlei außerhalb der Stadt.
Am Abend fahren wir oft in eine der Shopping Malls (> S. 29), die verkehrsgünstig an den Ausfallstraßen liegen. Dort kann man nicht nur einkaufen, hier findet man auch ein großes Angebot an Freizeiteinrichtungen wie Kinos oder Cafés. Die Geschäfte haben hier rund um die Uhr geöffnet! Gegen neun Uhr kommen wir wieder nach Hause, wenn wir nicht im dichten Verkehr stecken bleiben."

AUFGABEN >>

1. Beschreibe, wie es zur Getto-Bildung in den Großstädten Nordamerikas kommt.
2. Diskutiert über folgende Frage: „Getto-Bildung – ausgeschlossen oder eingesperrt?"
3. Schildere Probleme, die in nordamerikanischen Städten auftreten können.
4. Nenne Gründe der amerikanischen Bevölkerung, die für einen Wohnortwechsel sprechen.
5. Vergleiche Jennifers Leben in einer Suburb mit deinem Leben. Welche Unterschiede stellst du fest?

25.3 Suburb in L.A.: Um Bauflächen zu schaffen, wurden die Hügel abgetragen und in die benachbarten Täler verkippt.

26.1 US-amerikanische Firmen

Wirtschaftsmacht USA

Die USA gelten als die führende internationale Wirtschafts- und Handelsmacht der Erde. Rund 307 Millionen Einwohner (2009), etwa 4,5 % der Weltbevölkerung, erwirtschaften ein Viertel des jährlichen Welteinkommens. Der Reichtum an Rohstoffen, der riesige und gut erschlossene Binnenmarkt sowie das marktwirtschaftlich geprägte Wirtschafts- und Finanzsystem sind Grundlagen dieses wirtschaftlichen Erfolgs.

Viele amerikanische Konzerne agieren weltweit als multinationale Konzerne. Um an der Weltspitze zu bleiben, investieren diese Unternehmen in Forschung und Entwicklung, die in den USA bleibt. Die Produktion der Waren wird hingegen meist in Billiglohnländer, z. B. nach China, verlagert (> **Globalisierung** S. 124).

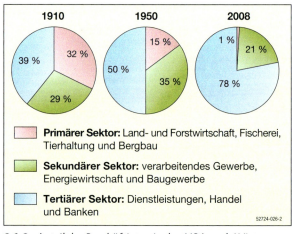

26.2 Anteil der Beschäftigten in den USA nach Wirtschaftssektoren (in %)

Kennzeichen der freien Marktwirtschaft:
- volle Handlungs- und Entscheidungsfreiheit des Einzelnen: Privateigentum an Produktionsmitteln, freier Wettbewerb, freie Preisbildung, Gewerbefreiheit, Konsumfreiheit
- Aufgaben des Staates: Sicherheit und Eigentum der Bürger zu gewährleisten, eine Währung bereitzustellen, Rechtssystem zu erhalten, kaum Einfluss auf die Wirtschaft

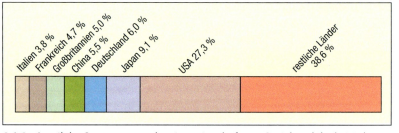

26.3 Anteil der Staaten am weltweit erwirtschafteten Sozialprodukt (2007)

AUFGABEN >>

1. Beschreibe die Entwicklung der Wirtschaftssektoren in den USA (Abb. 26.2).
2. Erkläre die weltweite Bedeutung der USA als Wirtschaftsmacht (Abb. 26.3).
3. Informiere dich im Internet über die in Abb. 26.1 dargestellten Unternehmen.

27.1 Industriegebiete und wichtige Bodenschätze in den USA

Vom Manufacturing Belt zum Rust Belt

Die industrielle Entwicklung begann in der zweiten Hälfte des 19. Jahrhunderts durch Einwanderer aus Europa. In den folgenden Jahrzehnten etablierten sich im Nordosten der USA Industrieregionen: So wurde Pittsburgh zur Stahlschmiede, das Gebiet am Südrand der Seen zum Industriezentrum für die Autoindustrie.

Nach dem Zweiten Weltkrieg kam es in der Schwerindustrie zu einer Strukturkrise. Ein Grund dafür war der aus dem Ausland importierte billige Stahl. Außerdem wurde Kohle als Energieträger immer stärker von Erdöl und Erdgas verdrängt. Wegen seiner veralteten und stillgelegten Industrieanlagen wurde der **Manufacturing Belt** nun abschätzig als „Rust Belt" bezeichnet. Hohe Arbeitslosigkeit und soziale Not, vor allem bei der schwarzen Bevölkerung, waren die Folge. Viele Menschen wanderten in die aufstrebenden Industriegebiete im Süden („Sunbelt") ab. Erdölvorkommen, ein niedrigeres Lohnniveau, ein angenehmes Klima und günstige Grundstücke waren dort wichtige **Standortfaktoren**.

Maßnahmen zur Umweltverbesserung und der Stadterneuerung machten in den 1980er-Jahren zum Beispiel aus Pittsburgh wieder einen attraktiven Standort. Hightech-Industriebetriebe mit neuen Technologien siedelten sich auch im verstädterten Raum zwischen Boston und Washington („BosWash") an. Neben zahlreichen Universitäten und Forschungseinrichtungen entwickelte sich dort eine Industrie, die modernste elektronische Ausrüstungen, z. B. für die Luft- und Raumfahrt, herstellt.

- Rohstoffreichtum (Steinkohle, Eisenerz)
- viele erfahrene Arbeitskräfte
- günstige natürliche Bedingungen (Schifffahrtswege, flaches Land zur Anlage von Siedlungen und Industriebetrieben)
- gute Verkehrsanbindung (ab 1867 Eisenbahnverbindung von New York bis Chicago)
- Vorhandensein eines großen Absatzmarktes im Inland und durch Handelsbeziehungen nach Europa
- hoher Bedarf an Eisen und Stahl für landwirtschaftliche Geräte, Schienen und Konsumgüter (Zug nach Westen)

27.2 Standortfaktoren des Manufacturing Belts

AUFGABEN >>

1. Beschreibe die Lage der wichtigsten Bodenschätze und Industriegebiete der USA (Abb. 27.1).
2. Ermittle die Ost-West- und die Nord-Süd-Ausdehnung des Manufacturing Belts. Vergleiche diese mit Entfernungen in Europa.
3. Erläutere Ursachen für den Aufstieg und den Niedergang des Manufacturing Belts.
4. Nenne Gründe für die Abwanderung in die Wirtschaftsregionen des Südens. Unterscheide zwischen Gründen aus der Sicht der Unternehmen und der Arbeitnehmer.

Silicon Valley, Sunbelt und Cascadia – junge Industriegebiete

„Hi, mein Name ist Sarah Miller. Ich lebe in Kalifornien und arbeite als Ingenieurin bei einem Unternehmen, das Mikrochips für PCs entwickelt. Rund 3000 Hightech-Betriebe haben sich in diesem Gebiet angesiedelt. Hier haben zum Beispiel Google, Yahoo, Hewlett-Packard oder Apple ihren Sitz. Man nennt diesen Raum auch Silicon Valley – übersetzt Silizium-Tal. Der Name kommt daher, weil Silizium für die Halbleiterherstellung verwendet wird.

Nach dem Zweiten Weltkrieg entwickelte sich aufgrund der großen Nachfrage eine neue Hightech-Industrieregion zwischen Kalifornien, Texas und Florida – der sogenannte Sunbelt. Ausschlaggebend für die Ansiedelung der Unternehmen aus den Bereichen der Petrochemie, dem Flugzeugbau, der Raumfahrttechnik oder der Mikroelektronik waren auch hier das günstige Industrieflächenangebot, niedrige Grundstückspreise sowie staatliche Subventionen gekoppelt mit geringen Steuerbelastungen. Selbstverständlich waren für diese Unternehmen aber auch die klimatischen Bedingungen, die geringen Bau- und Energiekosten sowie die Freizeitmöglichkeiten für die Mitarbeiter attraktiv. Die Nähe zu Universitäten, die hoch qualifizierte Nachwuchskräfte hervorbringen, und ein reger Austausch an Informationen und Erfahrungen zwischen Firmen und Hochschulen liefern bis heute den Schlüssel zum Erfolg.

So entwickelten sich Houston, Dallas und Atlanta zu wichtigen Industrie-, Handels-, Finanz- und Verkehrszentren, unabhängig von Rohstoffvorkommen. Houston steht als Symbol für die NASA, Atlanta wurde bekannt als Sitz in- und ausländischer Wirtschaftsunternehmen.

Zum Teil überschreiten die Regionen sogar die Grenzen nach Kanada. Im Bereich des Kaskadengebirges liegt mit den Städten Seattle, Portland und Vancouver die Wachstumsregion Cascadia. Dort findet man große Dienstleister, wie Amazon, Realnetworks oder T-Mobile USA genauso wie die Kaffeehauskette Starbucks."

28.2 Industriepark im Silicon Valley

28.3 Arbeitsplatz in der Hightech-Industrie

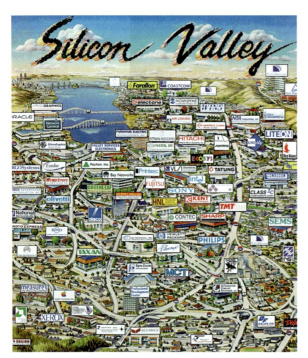

28.1 Firmen im Silicon Valley

AUFGABEN >>

1. Fertige eine Kartenskizze zur Lage der jungen Industriestandorte in den USA an (Abb. 27.1). Ergänze mithilfe deines Atlas wichtige Industriezweige.
2. Arbeite mithilfe des Atlas und des Textes die „weichen" Standortfaktoren der jungen Industriegebiete in den USA heraus.
3. Vergleiche die Standortfaktoren des Manufacturing Belts mit denen der jungen Industrien und erläutere deren Einflüsse auf die Unternehmen.
4. Finde weitere Fakten zu den genannten Unternehmen und beschreibe ihre internationale Bedeutung.

Shop until you drop?

Mike, ein 15-jähriger Jugendlicher: „Jeden Samstag treffen wir uns in der Mall. Dort wird mehr geboten als downtown. Wir starten immer mit dem Besuch eines Fastfood-Lokals, in dem wir uns mit Burgern, Pommes und Coke versorgen. Die Auswahl an Restaurants ist groß, jeden Samstag wird ein anderes ausprobiert. Danach geht es in das gigantische 3-D-Kino oder in die Indoor-Achterbahn: Spaß haben und Action erleben! Für alle Altersgruppen ist etwas geboten: Theater, Fitnessstudios, Parks oder Spielcasinos. In einer Kapelle kann man sogar heiraten! Alles unter einem Dach, über 500 Geschäfte auf mehreren Stockwerken verteilt. Ist das Geld knapp, hängen wir einfach nur rum oder fahren in den langen Gängen Skateboard. Dabei darf man sich aber nicht erwischen lassen, denn sonst wirft einen das Sicherheitspersonal raus!"

Frau Collins, Mutter eines dreijährigen Sohnes: „Ich muss leider wegen jedem Einkauf zur Mall fahren. Schließlich gibt es in unserem Vorort keinen einzigen kleinen Laden mehr. Ich komme zwar auf dem Weg zum Kindergarten direkt an der Mall vorbei und es gibt hier ein tolles Warenangebot, aber es kostet mich jedes Mal sehr viel Zeit, in der Mall einzukaufen. Die Parkplätze, die zu jeder Mall gehören, sind riesengroß. Merkt man sich nicht, in welchem Bereich man geparkt hat, so hat man nach dem Einkaufen häufig Probleme sein Auto unter den 20 000 Wagen wiederzufinden. Außerdem kann man nur mit dem PKW vorfahren. Denn aufgrund der Lage der Mall – sie liegt sehr verkehrsgünstig neben einer Schnellstraßenkreuzung – lässt sich beispielsweise kein Spaziergang mit dem Kinderwagen verbinden. Dafür fühlt man sich jedoch in der Mall wie in einer kleinen Stadt. Man kann Nachbarn und Bekannte treffen oder im Inneren der Mall wie auf einem Stadtplatz flanieren und sich bei einem Kaffee entspannen. Das Waren- und Freizeitangebot zieht übrigens am Wochenende auch die Bewohner kleinerer Städte und Dörfer an, die dafür Anfahrtszeiten von bis zu drei Stunden in Kauf nehmen."

Eine Verkäuferin in der Mall: „Seit drei Jahren arbeite ich als Verkäuferin in einem Bekleidungsgeschäft in dieser Mall. Mal sehen, wie lange noch. Denn im Nachbarort musste das Shoppingcenter schließen. Es wurden einfach zu viele Malls gebaut. Ich kann auch nicht verstehen, warum die Kunden nicht mehr zum Einkaufen kommen, schließlich haben wir von 11 Uhr vormittags bis 5 Uhr früh täglich geöffnet. Das sind Arbeitszeiten, sage ich euch! Außerdem ist der riesige Komplex durchgehend klimatisiert oder beheizt – je nach Jahreszeit. Wir wollen, dass es die Kunden bei uns so bequem wie möglich haben, denn je mehr Zeit sie in unserer Mall verbringen, desto mehr Geld geben sie auch aus!"

AUFGABEN >>

1. Beschreibe den Aufbau und das Angebot einer Mall.
2. Bewerte das Konzept der Mall in ökologischer Hinsicht.
3. Vergleiche die Einkaufssituation in den USA mit der in Deutschland. Kennst du Einkaufszentren in deiner Heimat, die bereits ein ähnliches Angebot haben? Worin liegen die Unterschiede?

30.1 Bestandteile eines „Burgers"

Die US-Landwirtschaft – weltweit führend

Der typische Hamburger besteht aus wenigen Hauptzutaten: Weizen und Wasser, Rindfleisch und etwas Gemüseeinlage. Du kennst ihn in vielen Variationen aus dem Angebot der Fastfood-Ketten. Aber wusstest du, dass manche amerikanischen Ketten großen Wert darauf legen, dass ihre Produkte überall in der Welt so schmecken wie im Original? Aus diesem Grund werden manche Zutaten sogar aus den USA importiert.
Die US-Landwirtschaft versorgt nicht nur die eigene Bevölkerung mit Nahrungsmitteln, sondern ist auch der größte Agrarexporteur der Erde. Zwar umfassen die US-Anbauflächen nur rund 20 Prozent der Landesfläche; mit rund 170 Millionen Hektar ist diese jedoch größer als die gesamte Anbaufläche der Europäischen Union.

	1930	1970	2006
Zahl der Farmen (in Mio.)	6,3	2,7	2,0
Erwerbstätige in der Landwirtschaft (in Mio.)	12,4	4,5	3,0
durchschnittliche Farmgröße (in ha)	64,0	158,0	180,0
Zahl der Traktoren (in Mio.)	1,1	4,6	4,6
Mineraldüngerverbrauch (in Mio. t)	0,0	15,5	19,3
Hektarerträge Mais (in dt/ha)	16,0	54,0	93,0
Hektarerträge Weizen (in dt/ha)	10,0	21,0	26,0
Zahl der Rinder (in Mio. Stück)	77,0	114,0	97,0

30.2 Entwicklung der Landwirtschaft in den USA

Die US-Landwirtschaft weist eine hohe Produktivität auf, was teilweise an den günstigen naturgeographischen Bedingungen liegt. Aber auch technische und ökonomische Fortschritte durch den Menschen tragen zum großen Erfolg der US-amerikanischen Landwirtschaft bei: So ermöglicht der verstärkte Maschineneinsatz, dass immer weniger Farmer größere Flächen bearbeiten können. Zudem werden Mineraldünger, Schädlingsbekämpfungsmittel und verbessertes Saatgut, das zum Teil gentechnisch behandelt wurde, verwendet. Das alles verursacht jedoch hohe Kosten, die für kleinere Betriebe oft nicht tragbar sind.

Agrobusiness – Das „Geheimnis" der US-Landwirtschaft
Heute findet man in den USA viele agroindustrielle Großbetriebe, die über große Ländereien verfügen. Meist sind diese hoch spezialisiert, sie wenden viel Kapital auf und haben zum Ziel, hohe Gewinne zu erwirtschaften. Häufig findet sich in diesen Betrieben alles unter einem Dach.

30.3 Agroindustrielle Großunternehmen - alles unter einem Dach

AUFGABEN >>

1. Beschreibe mithilfe des Atlas, welche Landwirtschaftszweige wo in den USA vorherrschen.
2. Stelle die Entwicklung der Farmen und der Erwerbstätigen in der US-Landwirtschaft (Abb. 30.2) in einem Säulendiagramm dar.
3. Erkläre anhand der Grafik die Begriffe „Agrobusiness" und „agroindustrielle Großunternehmen".
4. Erkläre, wieso die US-Landwirtschaft so erfolgreich ist.

Der Ursprung der Buns – Getreide aus der Kornkammer der USA

Der Mittelwesten gilt als agrarisches Kernland der USA. Von den Amerikanern wird er auch gerne als „breadbasket" bezeichnet. Wegen seiner Klimagunst, der weiten ebenen Fläche und den guten Schwarzerdeböden ist er für den Ackerbau besonders geeignet. Auch für deutsche Burger wird ein Teil des Weizenmehls von dort importiert, damit die Buns ihre typische Konsistenz erhalten, denn der US-Eliteweizen verfügt über bessere Klebeeigenschaften als der deutsche.

Weizenanbau im großen Stil

Seit vier Generationen ist die **Farm** von Tom Clark in Familienbesitz. Als der Urgroßvater vor über 130 Jahren nach Kansas zog und das Land urbar machte, war seine Farm 64 ha groß. Doch an damals erinnert heute kaum noch etwas: Der Betrieb wurde allmählich auf 160 ha Fläche vergrößert. Und trotzdem gehört Toms Farm zu den kleineren Betrieben östlich der Rocky Mountains. Weizenfarmen von 10 000 ha sind dort keine Seltenheit. Um so viel Land bewirtschaften zu können, braucht Farmer Clark leistungsfähige Maschinen. Außerdem hat er das Mastvieh abgeschafft und sich ganz auf den Anbau von Mais, Soja und Weizen spezialisiert. Die Sojabohne ist ein wertvoller Fettlieferant für die Lebensmittelindustrie, hochwertiges Viehfutter und reichert zudem den Boden mit Stickstoff aus der Luft an. Seit es genverändertes Mais- und Sojasaatgut gibt, weitet Tom Clark deren Anbau aus, denn so benötigt er weniger Spritzmittel. Außerdem kann der Ertrag gesteigert werden. Ob Genmais dem Menschen und der Umwelt Schaden zufügt, darüber hat sich der Farmer bisher jedoch nur wenige Gedanken gemacht. Für ihn zählt vor allem der Profit.

Wenn das Getreide reif ist, dann ist für Tom Clark eine Mähdrescherkolonne aus Wichita Falls, Texas, im Einsatz. Im Süden beginnend, fressen sich die schweren Maschinen täglich durch 25 km reife Weizenfelder. Rund 250 ha können in einer Acht-Stunden-Schicht abgeerntet werden. Auch nachts ist die Mähdrescherkolonne im Einsatz; in etwa neun Wochen werden sie 1 500 Kilometer weiter nördlich im Bundesstaat North Dakota sein.

Mit Schrecken erinnern sich die Farmer der Great Plains an die 1930er-Jahre. Damals kam es zu aufeinanderfolgenden Dürrejahren, wodurch die Böden ausgetrocknet und durch Winde ausgeblasen wurden. Die Great Plains wurden zu einem „Dust Bowl", in welcher dunkle Staubwolken den fruchtbaren Oberboden wegbliesen. Nachfolgende heftige Regenfälle rissen zudem riesige Rinnen und Furchen in die Äcker und schwemmten den Boden fort, sodass für die Landwirtschaft ungeeignete Erosionslandschaften, die **Badlands**, entstanden. Viele Farmer mussten in dieser Zeit ihren Betrieb aufgeben; allerdings wurden in der Folge zahlreiche Bodenschutzmaßnahmen ergriffen.

31.1 *Getreideernte in den Great Plains*

AUFGABEN >>

1. Beschreibe die Farm von Tom Clark und verorte alle genannten Orte auf einer Karte.
2. Nenne Gebiete in den USA, in denen Getreide angebaut wird.
3. Erkläre, durch welche Maßnahmen Tom Clark seinen Betrieb modernisiert hat.
4. Beschreibe, wie sich beim Getreideanbau Tendenzen des Agrobusiness zeigen.
5. Informiere dich über den Anbau von Gen-Getreide in Deutschland und zeige Risiken auf.

Beef Patties – das „Herzstück" eines jeden Burgers

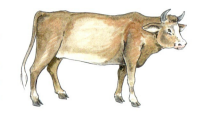

In manchen US-Restaurants bekommt man Riesenburger, in denen die Patties, auf bairisch das „Fleischpflanzerl", 800 Gramm auf die Waage bringt. So ein Burger, abgeschmeckt mit fettreichen Soßen und Bacon, beschert dem Körper rund 2000 Kalorien! In einem „normalen" Hamburger haben die Hackpatties ein Gewicht von 36 Gramm. Das Hackfleisch kommt in den USA normalerweise aus den traditionellen Rinderzuchtgebieten der großen Steppen, wo für Ackerbau die Niederschläge nicht mehr ausreichen.

Von der Ranch zum Agrobusiness

In Colorado trifft man viele Rindermastbetriebe an. Hier wurden früher die Rinder von Cowboys auf Ranches großgezogen und später zu den Eisenbahnstationen und Schlachthöfen getrieben. Bereits Mitte der 1950er-Jahre konnten die Ranches in den USA die wachsende Nachfrage nach Rindfleisch nicht mehr decken.

Heute trifft man bei einer Fahrt über die Great Plains auf riesige Rinderherden. Die Tiere stehen unter freiem Himmel in sogenannten **Feedlots** (Abb. 32.1). Diese Rinder gehören Montfort of Colorado, einem agroindustriellen Großunternehmen mit mehreren großen Feedlots. So eine „Herde" kann heutzutage durchaus mehrere hunderttausend Tiere umfassen! Inzwischen ist das Unternehmen Teil eines riesigen nordamerikanischen Lebensmittelkonzerns.

Gary Smith, der für Montfort of Colorado arbeitet, erzählt, dass die für die Mast vorgesehenen Kälber mit Zügen oder Lkws von weit entfernten Aufzuchtbetrieben herantransportiert werden. Auf den Feedlots werden die Rinder mithilfe modernster Computertechnik gehalten. An den Tieren befestigte Sender übermitteln an Computer die notwendigen Daten wie Alter, Gewicht, Futterzusammensetzung. Die Tiere erhalten dann an den vollautomatischen Futterplätzen die für sie abgestimmte Menge an Nahrung. Mit Soja und umstrittenen wachstumsfördernden Mitteln nehmen die Kälber in 24 Stunden fast zwei Kilogramm an Gewicht zu. Bereits nach 150 Tagen können sie das optimale Schlachtgewicht von 600 Kilogramm erreichen, wozu sie früher auf der Prärie fast zwei Jahre gebraucht haben.

Doch nicht nur um die Rindermast kümmern sich Großunternehmen wie Montfort of Colorado. Von der Futtermittelerzeugung bis zur Vermarktung werden hier die einzelnen Produktionsschritte zentral organisiert und gesteuert. Zum Firmenverband gehören auch Schlachtereien und Zerlegebetriebe (Abb. 30.3). Von dort aus geht dann das abgepackte Fleisch mit firmeneigenen Trucks an Supermarkt- und Restaurantketten. Solche agroindustrielle Unternehmen können kostengünstig und maschinell durchorganisiert wirtschaften. Kleine Ranches haben gegen sie kaum noch eine Chance; viele mussten deshalb bereits aufgeben.

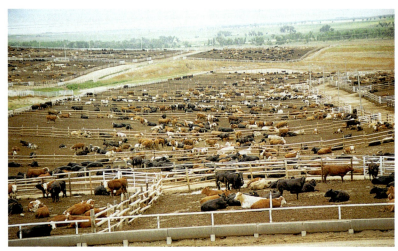

32.1 Feedlot

AUFGABEN >>

1. Beschreibe, wie Montfort of Colorado Rinder mästet, und gehe auf Besonderheiten der Rinderhaltung in den USA ein.
2. Nenne Gebiete in den USA, in denen Rindermast betrieben wird.
3. Erkläre, was ein agroindustrielles Unternehmen ist.
4. Beschreibe, welche Tendenzen des Agrobusiness sich bei der Rindermast zeigen.
5. Informiere dich über die Aufzucht von Rindern in Deutschland.

Gemüse aus Kalifornien, dem Fruchtgarten der USA

Viele Fastfood-Ketten werben mit „gesunden Zutaten" ihrer Burger, wie Salat, Tomaten und Gurken. Dieses Gemüse benötigt zum Wachsen viel Sonne und ausreichend Wasser. Über Sonnenschein verfügt das teils wüstenhafte Kalifornien mit seinem milden Klima genug, doch erst durch künstliche Bewässerung wurde es möglich, dass der drittgrößte Bundesstaat in der US-Landwirtschaft eine Spitzenstellung einnehmen konnte. Über 250 Nutzpflanzen werden hier angebaut, natürlich auch Tomaten, Gurken und Salat.

„Industrietomaten" und mehr

Auf riesigen Anbauflächen, die in der Reifezeit von Flugzeugen aus mit Pflanzenschutzmitteln besprüht werden, wachsen in Kalifornien „Industrietomaten". Diese durch Züchtung und Gentechnik veränderten Sorten halten auch der maschinellen Ernte stand. Aufgrund ihrer harten Schale sind sie vor Verletzungen geschützt. Praktisch ist außerdem, dass die Früchte nahezu gleichzeitig reifen, in länglich-eckiger Form wachsen und sich leicht vom Stiel lösen. Dies erleichtert nicht nur die Raumausnutzung beim Transport, sondern wirkt sich auch bei der Weiterverarbeitung günstig aus.

Die Tomaten werden mit Vollerntern gepflückt, dann chloriert, um Bakterien abzutöten, und schließlich automatisch sortiert. Der größte Teil der Ernte wird zu Tomatenmark oder Ketchup weiterverarbeitet oder in Dosen konserviert.

Als billige Arbeitskräfte werden in der kalifornischen Landwirtschaft meistens Zuwanderer aus Lateinamerika (Hispanics, > S. 24) eingesetzt, vor allem, wenn Handarbeit notwendig ist, wie bei der Ernte von Zitrusfrüchten.

Nicht nur die Tomaten, auch viele andere Obst- und Gemüsesorten aus Kalifornien müssen intensiv bewässert werden, da das kalifornische Längstal im Regenschatten der Gebirge liegt. Daher muss in den niederschlagsreicheren Wintermonaten das Wasser in großen Stauseen gespeichert und über 800 km lange Kanäle in den Süden geleitet werden.

Auch das Grundwasser wird immer wieder angezapft. Durch das starke Anwachsen der Bevölkerung Kaliforniens – hier leben mehr als 12 Prozent der US-Amerikaner – kommt es allerdings immer wieder zu Wasserknappheit.

Infolge der starken Bewässerung ist der Grundwasserspiegel jährlich um fast 15 cm gesunken (> S. 24). Auch die **Bodenversalzung** durch unsachgemäße Bewässerung ist ein zunehmendes Problem. Denn viele Pflanzen können kein Wasser mehr aufnehmen und sterben ab, wenn der Salzgehalt im Boden zu hoch ist.

Damit die kalifornische Landwirtschaft überleben kann, wird sogar darüber nachgedacht, den 1 600 km nördlich fließenden Columbia River anzuzapfen.

33.1 *Maschinell geerntete Tomaten*

33.2 *Orangenplantage in Kalifornien*

AUFGABEN >>

1. Beschreibe, unter welchen Bedingungen Obst und Gemüse in Kalifornien angebaut werden. Gehe dabei auch auf die Bewässerungsmaßnahmen ein.
2. Nenne weitere „Fruchtgärten" in den USA.
3. Erkläre, welche Eigenschaften die „Industrietomate" aufweist.
4. Beschreibe, welche Tendenzen des Agrobusiness sich beim Fruchtanbau in Kalifornien zeigen.
5. Informiere dich, unter welchen Bedingungen in Deutschland Obst und Gemüse angebaut werden können.

2 Auswanderer
Beste Bedingungen am Brokenhead River
Die Rosenheimer Monika und Florian Berger erfüllten sich den Traum vom Leben in Kanada

Am Brokenhead River

Familie Berger

„Eigentlich kann ich mir gar nicht mehr vorstellen, woanders zu leben." Während Florian Berger diesen Satz sagt, blickt er von der Veranda seines Hauses aus über den „Brokenhead River" zu dem Birkenwäldchen, das sich im schrägen Licht der Septembersonne in Ockergelb präsentiert. Über dem Fluss tanzen die letzten Mücken des Sommers genau in der richtigen Höhe, um nicht von den im Wasser stehenden Forellen erwischt zu werden. Und hoch oben kreist in der dunstigen Spätsommerluft geduldig ein großer Greifvogel.

Romantik und Pragmatismus

Man könnte den 39-jährigen Holztechniker aus Rosenheim für hemmungslos romantisch halten, weil er mit seiner Frau in dieses Traumland ausgewandert ist, so wie etwa 3600 Deutsche jährlich. Hört man ihn aber reden, klingt das gar nicht verkitscht, sondern pragmatisch. Er berichtet von den guten beruflichen Aussichten in Kanada und der guten Bezahlung. *„Außerdem war es mir in Kanada möglich, ein Stück Land zu kaufen, in einer Größe, die in Deutschland ein Vermögen kosten würde."*
Derartige handfeste Gründe sind es, die die Beliebtheit Kanadas als Einwanderungsland ausmachen. Das weiß auch Christopher Bebbington von der Kanadischen Einwanderungsbehörde zu berichten: *„Im Verhältnis zur Bevölkerungszahl hat Kanada die höchste Einwanderungsrate der Welt und wir sind auf die Immigranten auch angewiesen."*
Vor allem in den Regionen Alberta und British Columbia herrscht ein Mangel an qualifizierten Arbeitskräften. Es werden deshalb nur gut ausgebildete Interessenten ins Land gelassen. *„In der sogenannten ‚occupation list' ist festgehalten, welche Berufe besonders benötigt werden. Und auch ein paar Jahre Berufserfahrung sollte man mitbringen"*, erklärt Bebbington.

Zwei Jahre zur Eingewöhnung

Florian Berger hatte Glück. Gerade im Bereich der Holzwirtschaft besteht im zweitgrößten Land der Erde ein enormer Bedarf an Arbeitskräften. Und auch seine Frau Monika erfüllte als Krankenschwester die Anforderungen. Allerdings musste sie noch einmal einige Prüfungen ablegen, bevor ihr die Ausbildung anerkannt wurde. Der zierlichen 35-Jährigen fiel die Eingewöhnung in die neue Heimat nicht so leicht wie ihrem Mann. *„Es ist schon eine Menge zu erledigen, bis man endlich das Gefühl hat, angekommen zu sein"*, sagt sie. *„Das Haus kaufen und zwei Autos, Behördengänge, Kranken- und Unfallversicherung abschließen, sich einen Arzt suchen, die richtigen Geschäfte finden, Kontakte knüpfen ... Insgesamt habe ich zwei Jahre gebraucht, um mich hier zu Hause zu fühlen."

Inzwischen fühlen sich jedoch beide wohl in Scanterbury, einem Dorf bei Winnipeg. Sohn Peter und Tochter Sarah sind hier geboren und wachsen mehrsprachig auf. Deutsch und Englisch werden in der Familie abwechselnd gesprochen. Später werden die Kinder auch mehr vom Französischen mitbekommen, der zweiten Amtssprache Kanadas. Die Sprachkenntnisse sind äußerst hilfreich, wenn man so gerne herumreist wie die Bergers.

Kanada ist etwa so groß wie Europa und in weiten Teilen unbesiedelt – für Menschen, die sich gerne in der Natur aufhalten, ein ideales Reiseland zu allen Jahreszeiten. In den 43 Nationalparks lassen sich Büffel noch in großen Herden beobachten, sieht man im Spätsommer Grizzlybären bei der Lachsjagd und kann bei Wildlife-Adventure-Touren sogar auf Eisbären stoßen. Das breite touristische Angebot umfasst Wandern, Mountainbiking, Kanu fahren, Rafting, Skiwandern bis hin zur Hundeschlittenfahrt.

Reichtum an Rohstoffen

„Man darf Kanada aber nicht nur auf dunkle Wälder und kalte Seen reduzieren", betont Florian Berger, „im Sommer wird es in den südlichen Regionen richtig heiß. Im Winnipegsee kann man hervorragend baden."

Dieses Klima führt dazu, dass Kanada auch landwirtschaftlich bedeutend ist. So liegt es weltweit beim Getreideexport nach den USA an zweiter Stelle. Auf den riesigen Feldern wird das Saatgut teilweise mit dem Flugzeug ausgebracht.

Aber auch der Reichtum an Bodenschätzen gilt als Grundlage für den Wohlstand Kanadas. Erdöl, Erdgas und viele Erze werden in großem Umfang exportiert. Dabei ist von Vorteil, dass man selbst wenig Energierohstoffe benötigt, da Strom meist aus Wasserkraft produziert wird.

„Die Leute sind hier sehr entspannt und tolerant", stellt Monika fest. „Und ich genieße die kulturelle Vielfalt in Kanada. Es gibt das indianische, französische, englische, auch das deutsche Kanada – oft sogar eng nebeneinander."

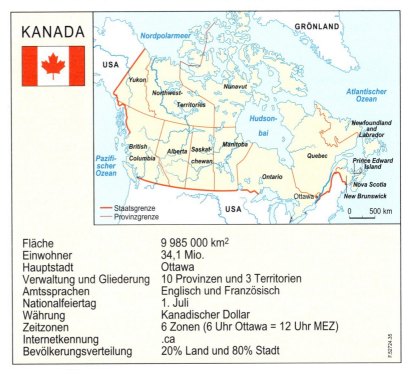

KANADA	
Fläche	9 985 000 km²
Einwohner	34,1 Mio.
Hauptstadt	Ottawa
Verwaltung und Gliederung	10 Provinzen und 3 Territorien
Amtssprachen	Englisch und Französisch
Nationalfeiertag	1. Juli
Währung	Kanadischer Dollar
Zeitzonen	6 Zonen (6 Uhr Ottawa = 12 Uhr MEZ)
Internetkennung	.ca
Bevölkerungsverteilung	20% Land und 80% Stadt

Kanada im Überblick

„Und doch ist so viel Platz", bemerkt Florian trocken. Dann schweift sein Blick wieder hinüber zu den farbigen Wäldern des „Brokenhead River".

Einkaufszentrum in Vancouver

AUFGABEN >>

1. Erkläre, weshalb in Kanada Einwanderer gesucht, aber auch streng ausgewählt werden.
2. Beschreibe die touristischen Vorzüge Kanadas.
3. Erstellt ein Plakat mit einem ausführlichen Länderporträt Kanadas. Besorgt euch dazu weitere Informationen.

Wir präsentieren …

In einer Präsentation wird mündlich ein inhaltlich eng abgegrenztes Thema in einer zuvor festgelegten Zeit vorgetragen.

1. Vorplanung
- Erschließt das Thema genau, um es abzugrenzen. Setzt Schwerpunkte und berücksichtigt die Vorkenntnisse der Zuhörer.
- Führt ein Brainstorming durch und sammelt Material. Dabei helfen euch Bücher, Lexika oder das Internet.
- Sichtet das gesammelte Material und notiert euch wichtige Zwischenergebnisse.
- Denkt daran, dass ein eigener Vortrag entstehen soll. Übernehmt keine Inhalte wortwörtlich oder ohne die Quelle zu nennen. Achtet auf Rechte an Bildern, die ihr verwenden wollt.
- Stimmt immer die Inhalte auf die Präsentationszeit sowie auf das Publikum ab.

2. Ausarbeitung
- Achtet auf einen „roten Faden" des Vortrags. Gliedert dazu die Inhalte in einer sachlogischen Reihenfolge mit einer kurzen Einleitung, mit thematischen Schwerpunkten im Hauptteil und mit einer Zusammenfassung am Ende. Vergesst nicht, treffende Beispiele einzubauen.
- Legt Karteikarten an, die ihr später für den Vortrag verwendet, und notiert euch darauf die entsprechenden Stichpunkte.
- Bestimmt den passenden Medieneinsatz, um die Inhalte zu veranschaulichen. Achtet darauf, dass die Texte, Bilder, Grafiken oder Zeichnungen aussagekräftig und von guter Qualität sind. Vielleicht findet ihr auch Gegenstände, die zu eurem Vortrag passen und die eure Aussagen unterstützen.
- Übt den Vortrag vor dem Spiegel oder vor Freunden.

3. Durchführung
- Bereitet die Medien für die Präsentation vor.
- Achtet beim Vortrag auf eine verständliche, laute, freie und deutliche Aussprache. Formuliert kurze Sätze, denkt an Sprechpausen sowie eine lebendig klingende Stimme. Durch passende Mimik und Gestik könnt ihr die Aussagen wirkungsvoll unterstützen.
- Wenn ihr bei eurer Präsentation Fachbegriffe oder Fremdwörter verwendet, dann erklärt diese.
- Wendet euch dem Publikum zu und haltet Blickkontakt.
- Achtet auf die Ausstrahlung, wie einen freundlichen Gesichtsausdruck, eine entspannte Körperhaltung sowie ein gepflegtes Äußeres.
- Gebt dem Publikum am Ende des Vortrags Gelegenheit zu Verständnisfragen.

Rechts findet ihr einige Vorschläge für einen Kurzvortrag zum Thema USA.

Alaska:
- Klima
- Lage
- Bodenschätze
- Bevölkerung
- Geschichte

San Francisco:
- Sehenswürdigkeiten
- Silicon Valley
- Erdbeben
- Hippiebewegung
- Yosemite Nationalpark
- Alcatraz

Hollywood:
- Los Angeles
- Filme
- Oscars
- Regisseure
- bestbezahlte Schauspie
- Geschichte

36.1 *Vorschläge für einen Kurzvortrag zu den USA*

Dallas:
- Mannschaften
- Spieler, All Stars
- Regeln
- Spielsystem

New York:
- Sehenswürdigkeiten
- Big Apple
- Stadtgliederung und Stadtteile
- Einwanderung
- Anschläge des 11. September
- Wall Street

Washington:
- Weißes Haus
- US-Präsidenten
- Capitol
- Pentagon
- Nationalfriedhof Arlington
- FBI
- Supreme Court

Florida:
- NASA
- Hurrikans
- Walt Disney World Resort
- Everglades
- Rentnerstädte

Jazz/Blues:
- Kennzeichen
- Wurzeln und Geschichte
- Stile
- Texte
- Melodik/Instrumentierung
- bekannte Musiker
- musikalische Beispiele

2 Lateinamerika

Rio de Janeiro (Brasilien)

Lateinamerika – topografischer Überblick

40.1

40.2 Im Amazonasbecken

40.3 Aconcagua

40.4 Stumme Karte von Lateinamerika

I – X Staaten
A – L Städte
a – k Meere, Flüsse, Seen
1 – 3 Gebirge
4 – 11 Landschaften, Inseln

Landhöhen
über 2000 m
1000 – 2000 m
500 – 1000 m
200 – 500 m
0 – 200 m
unter 0 m

zum Vergleich: DEUTSCHLAND

0   500   1000 km

AUFGABEN >>

1. Bestimme mit dem Atlas und Abb. 40.4 die Staaten (I-X), Städte (A-L), Gewässer (a-k), Gebirge (1-3) und Landschaften (4-11).
2. Grenze die Gebiete Mittelamerika, Südamerika und Lateinamerika räumlich ab.
3. Benenne die acht größten Staaten Lateinamerikas.

Raumprägende Elemente Lateinamerikas

Lateinamerika ist ein Kontinent großer natürlicher Gegensätze. Hochgebirgslandschaften mit Hochebenen sowie weite Tiefländer kennzeichnen den Kontinent. Charakteristische Elemente sind das größte geschlossene Regenwaldgebiet der Erde, Amazonien, das längste Faltengebirge der Erde, die Anden, und weite Grassteppen, die Pampas. Geprägt ist der Kontinent durch seine koloniale Vergangenheit, die sich in der Zusammensetzung der Bevölkerung, den Sprachen und den topographischen Namen erkennen lässt.

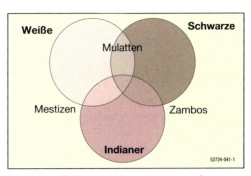

41.1 Bevölkerungsgruppen Lateinamerikas

Bevölkerung

In Lateinamerika gibt es eine Vielzahl von Völkern. Dies äußert sich in unterschiedlichem Aussehen und Hautfarben. Man spricht auch vom „Kulturerdteil der vielen Gesichter". Dieses Völkergemisch ist das Ergebnis einer jahrhundertelangen Bevölkerungsgeschichte. Auf dem Kontinent überwiegen heute Mischlinge wie Mestizen, Zambos und Mulatten. Nur im Amazonasgebiet und in den nordöstlichen Hochgebirgsregionen der Anden haben sich die indigenen Ureinwohner kaum vermischt. Nach der „Entdeckung" Amerikas durch Kolumbus (> S. 42) drangen die spanischen Eroberer rasch in den neuen Kontinent vor und vermengten sich mit der ursprünglichen Bevölkerung. Die schwarze Bevölkerung sind Nachkommen ehemaliger Sklaven aus Afrika. Sie sind vor allem im Nordosten zu finden. Seit dem 19. Jahrhundert wanderten zahlreiche Europäer und Asiaten ein und mischten die Bevölkerung zusätzlich.

Klima und Vegetation

Rund zwei Drittel Lateinamerikas liegen in den Tropen. Außer in den Gebirgen herrschen hier ganzjährig hohe Temperaturen. Im Amazonastiefland werden Jahresmittel bis zu 27 °C erreicht. Tropische Regenwälder, stockwerkartiger Vegetationsaufbau mit bis zu 60 m hohen Urwaldriesen sowie eine extreme Artenvielfalt kennzeichnen dieses Gebiet. Dort, um den Äquator, fallen die höchsten Niederschläge, die mit wachsender Entfernung vom Äquator geringer werden.
Die Kordilleren, in denen das Klima und die Vegetation von der Höhenlage bestimmt werden, wirken als Klimascheide, sodass der schmale Küstenraum an der Westküste vom Pazifik beeinflusst wird. Meeresströmungen, wie der kalte Humboldtstrom, bewirken eine Abkühlung der Luftmassen. Dies führt zur Ausprägung von Halbwüsten und Wüsten, wie der Atacama.
Im südlichsten Teil, in Feuerland, findet man teilweise sogar subpolares Klima.

41.2 Klimazonen in Lateinamerika

AUFGABEN >>

1. Erkläre die Bevölkerungsentwicklung Lateinamerikas.
2. Zeige mit Abb. 41.1 die Bevölkerungsgruppen Lateinamerikas auf.
3. Beschreibe die klimatischen Verhältnisse Lateinamerikas mithilfe der Klimazonenkarte Abb. 41.2.
4. Stelle mithilfe einer Atlaskarte die Vegetationsverbreitung Lateinamerikas in einer selbstgezeichneten Karte dar.
5. Erkläre den Zusammenhang zwischen Klima- und Vegetationszonen.

Hochkulturen und Eroberer

„Land lag vor uns. Wir warteten bis zum Anbruch des Tages. Auf der Insel erblickten wir sogleich nackte Eingeborene ... Ich gedachte mir die Eingeborenen zu Freunden zu machen und schenkte einigen unter ihnen rote Kappen und Halsketten aus Glas. Sie brachten uns Papageien, Knäuel von Baumwolle, lange Wurfspieße und viele andere Dinge noch. Sie müssen gewiss treue Diener sein, überdies glaube ich, dass sie leicht zum Christentum übertreten können."

(Aus dem Bordbuch des Christoph Kolumbus)

42.1 Ankunft von Kolumbus in San Salvador

Bevor Kolumbus 1492 Amerika entdeckte, lebten indianische Völker auf dem Kontinent. Abhängig von den natürlichen Voraussetzungen entwickelten sich Kulturen wie die Maya, Azteken und Inka im Norden und Osten (> S. 43) oder die Xingú (> S. 54) im Amazonasgebiet. Der Reichtum der „Neuen Welt" lockte europäische Eroberer an. Spanische Anführer wie Cortez und Pizarro unterwarfen die indianischen Völker mit Gewalt und das Land wurde unter den spanischen und portugiesischen Einwanderern aufgeteilt. So entstanden im 19. Jh. große Haziendas und Plantagen, auf denen indianische und später afrikanische Sklaven arbeiten mussten. Auch in den Bergwerken verrichteten die Einheimischen unter unmenschlichen Bedingungen Zwangsarbeit. Allein in der Stadt Potosí (Silberabbau) kamen im 16. Jh. acht Millionen Indios ums Leben. Gerechtfertigt wurde diese menschenverachtende Behandlung durch die Einstellung, dass die Einheimischen *„von Natur aus Sklaven und Barbaren sind, die sprechenden Tieren gleichen."*

(aus dem Bericht eines Beichtvaters, 1512)

Das Erbe der Kolonialherrschaft

Die prächtigen Bauten der indianischen Hochkulturen sind heute nur noch als Ruinen erhalten, die zahlreiche Touristen anziehen. Überall ist dagegen der europäische Einfluss in Lateinamerika spürbar. In den Innenstädten herrscht der südeuropäische Baustil vor. So findet man typische spanische Kolonialbauten und meist einen großen Exerzierplatz im Stadtkern. Die zahlreichen Kirchen zeugen von der Christianisierung der Bevölkerung. Etwa 80 Prozent gehören dem katholischen Glauben an.
Die indianischen Sprachen wurden von den Amtssprachen Spanisch und Portugiesisch verdrängt. Nur wenige isolierte Gruppen sprechen noch „ihre" Sprache.
Auch die ungerechte Landverteilung bereitet bis heute Probleme. **Bodenreformen** und Versuche, den Benachteiligten mehr Rechte einzuräumen, schlugen meistens fehl. So wächst die Kluft zwischen den reichen Weißen und den armen Einheimischen immer mehr.

AUFGABEN >>

1. Wie wurde Lateinamerika durch die Europäer erobert?
2. Wer besetzte welche Gebiete? Wo lebten große Hochkulturen (Abb. 42.2)?
3. Erstellt einen Steckbrief zu einer der drei vorgestellten Hochkulturen (> S. 43).

42.2 Aufteilung und Eroberung Lateinamerikas

Die Maya

Auf der Halbinsel Yucatan im heutigen Mexiko lebten die Maya. Älteste Zeugnisse ihrer Kultur sind bis zu 5000 Jahre alte Keramiken. Die Maya beherrschten eines der längsten Imperien der Geschichte. Städte und Stadtstaaten mit 30000 bis 50000 Einwohnern wurden von Königen regiert. Basis der Gesellschaft waren die Bauern. Im Brandrodungsfeldbau wurden Mais und Bohnen angepflanzt. Süßkartoffeln, Yucca, Kakao und Tomaten wurden ebenfalls kultiviert. Die Maya überragten alle anderen indianischen Kulturen in ihren Kenntnissen über Mathematik, Astronomie, Kunst und Architektur. Sie gelten deshalb als die „Griechen Amerikas". Die Maya benutzten zum Zählen Hände und Füße, deshalb hatten sie ein „Zwanzigersystem". Sie schrieben eine komplizierte Hieroglyphenschrift und besaßen ein Schulsystem.

43.1 Tempel der Maya in Uxmal (Mexiko)

Die Azteken

Die Azteken hatten die Vormachtstellung in Zentralmexiko. Prächtige Tempel, Pyramiden, Paläste, Aquädukte, Brücken und schwimmende Gärten prägten ihre im 14. Jahrhundert gegründete Hauptstadt Tenochtitlan. Die Azteken verfügten über einen astronomischen Kalender, eine Bilderschrift und ein staatlich organisiertes Schulsystem. Ihre wirtschaftliche Grundlage war der Bewässerungsfeldbau für Mais, Bohnen und Kürbis in Terrassenanlagen. Der Fernhandel und das Tributsystem lieferten auch subtropische Erzeugnisse wie Tomaten, Kakao, Tabak oder Baumwolle. Von den Azteken sind auch Opferrituale bekannt, in denen Menschenopfern bei lebendigem Leib das Herz herausgerissen wurde. Dadurch sollte der Sonnengott Huitzilopochtli günstig gestimmt werden.

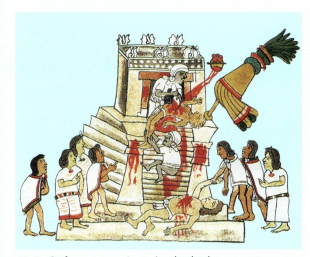

43.2 Opferszene aus einem Aztekenbuch

Die Inka

Das Inkareich erstreckte sich zum Zeitpunkt der Eroberung über weite Teile des heutigen Peru, Bolivien und Ecuador sowie Teile von Chile und Argentinien. Es war das größte Indioreich. Es wurde Viehwirtschaft, Fischerei und Ackerbau auf intensiv bewässerten Terrassen (Mais, Kartoffeln, Gemüse) betrieben. Das Inkareich war streng hierarchisch aufgebaut, ein absoluter Herrscher, Adel, Priester und Beamte sorgten dafür, dass jeder seine Aufgaben erledigte. Ein gut ausgebautes Fernstraßen- und Botensystem über Läufer erschloss auch entlegene Teile des Reiches. Allerdings konnten feindliche Truppen über dieses Netz in die Zentren des Landes vordringen. Deshalb mussten aufwändige Verteidigungsanlagen gebaut werden. Vor den skrupellos vorgehenden Kolonialtruppen waren aber auch diese Festungen nicht sicher.

43.3 Inkasiedlung Machu Picchu (Peru)

Leben in Lima – der Traum vom Glück

1950 lebten in der peruanischen Hauptstadt Lima rund 800 000 Menschen – heute sind es in der Großregion acht bis neun Millionen. Jährlich wächst die Stadt um 200 000 Einwohner und der Zustrom will nicht abreißen.
Viele Landbewohner verlassen ihre Heimat und folgen ihrem Traum nach einem besseren Leben in die Stadt (**Landflucht**). Lebten im Jahr 1940 noch 65 % der Bevölkerung Perus auf dem Land, so sind es heute nur noch 25 %. Aufgrund des schnellen Wachstums entstehen an den Stadträndern Limas riesige Elendsviertel, die offiziell „pueblos jóvenes" (junge Ortschaften) genannt werden. Meist gibt es keine funktionierenden Strom- und Wasserversorgungen, keine Abwasser- und Müllbeseitigungen, keine Straßen und keine Einkaufsmöglichkeiten.

„Zu Hause ist die Hölle los. Mein Vater trinkt und verprügelt mich immer wieder. Außerdem ist dort nichts geboten, jeder Tag ist gleich. Ich will in die Stadt, um was zu erleben!"

„Auf dem Land gibt es außer in der Landwirtschaft keine Arbeit. Die Erträge, die unser Grund abwirft, reichen nicht mehr zum Leben. Wir leiden Hunger. Daher habe ich unser kleines Gehöft verkauft und will eine Arbeit als Bauarbeiter finden. Meine Frau will ihre selbst genähten Tücher auf dem Markt verkaufen!"

„In der Stadt soll alles ganz anders sein. Dort gibt es gute Wohnungen in festen Häusern mit fließendem Wasser und elektrischem Licht. Zudem fährt man mit Autos auf festen Straßen oder den öffentlichen Verkehrsmitteln! Ich freue mich schon!"

„Als meine Mutter das siebte Kind bekam, reichte das Essen nicht mehr für alle. Außerdem muss Vater etwas von seinem Ertrag an den Großgrundbesitzer abgeben. So entschloss ich mich in die Stadt zu gehen. Ich will in einer Schule Lesen und Schreiben lernen und später einen richtigen Beruf in der Stadt ergreifen, in dem ich ein höheres Einkommen erziele als mein Vater! Vielleicht kann ich dann ja sogar meine Familie unterstützen!"

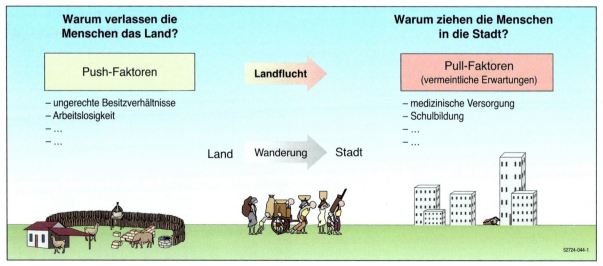

44.1 Push- und Pullfaktoren (engl.: push = drücken, pull = ziehen)

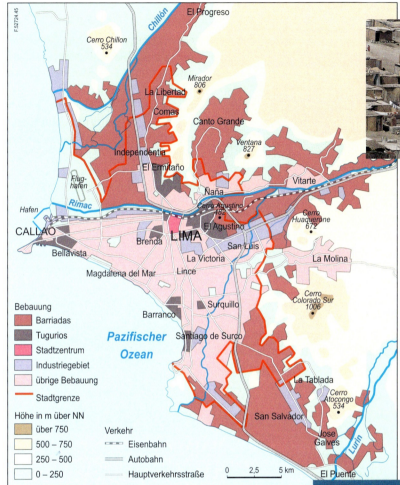

45.1 Bebauung in Lima

45.2 Barriadas sind wild gewachsene Siedlungen ohne jegliche Infrastruktur mit primitiven Hütten aus Bast, Brettern oder Lehm.

45.3 Tugurios sind Elendsviertel im Stadtinneren. In den ehemals bürgerlichen Wohnvierteln, deren Renovierung sich nicht mehr lohnt, gibt es zwar eine Infrastruktur, diese reicht wegen des Zustroms jedoch nicht aus.

45.4 In den Villenvierteln wohnt die reiche Oberschicht hinter hohen, bewachten Mauern. Luxuriöse Boutiquen stehen neben klimatisierten Villen, umgeben von gepflegtem Rasen.

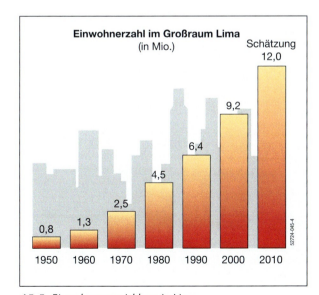

45.5 Einwohnerentwicklung in Lima

AUFGABEN >>

1. Erkläre, was man unter Push- und Pullfaktoren versteht.
2. Ergänze mithilfe der im Text genannten Gründe die Grafik zu den **Push- und Pullfaktoren** (Abb. 44.1).
3. Beschreibe die unterschiedliche Bebauung Limas.
4. Erkläre, welche Probleme durch den Zuzug von Tausenden von Menschen in die Städte entstehen.

Leben in Mexiko-City – vom Traum zum Alptraum?

Wohnungs- und Infrastrukturmangel

Wegen des immensen Wachstums der Stadt werden nicht nur große Flächen verbraucht, sondern es kommt auch zu sozialen Problemen. Zuwanderer müssen ihre Erwartungen auf ein besseres Leben in der Stadt meist schnell aufgeben. Das Angebot an Wohnraum ist begrenzt. Mit den Jahren haben sich sogenannte verlorene Viertel, die „Ciudades Perdidas", gebildet. Dort leben die Zuzügler unter kaum vorstellbaren Verhältnissen. Stromversorgung, Kanalisation oder Müllabfuhr reichen nicht aus oder fehlen ganz. So entstehen auch hygienische Probleme. Die Möglichkeiten zur Planung bei der Stadtentwicklung sind begrenzt. Besonders im Norden ist die Stadt bereits weit über den eigens geschaffenen Bundesdistrikt „Distrito Federal" in den angrenzenden Bundesstaat hineingewachsen.

46.1 Kinder in einem „verlorenen" Viertel

Mexiko-City ist mit über 19 Millionen Einwohnern einer der größten Verdichtungsräume der Welt. Diese Einwohnerzahl ist allerdings nur eine grobe Schätzung, denn jährlich kommen etwa 400 000 Menschen hinzu, die in der Hoffnung auf ein neues Leben vom Land in die Stadt wandern. Erst seit etwa 1950 wuchs die Hauptstadt Mexikos überdurchschnittlich schnell.

Dabei hat die Stadt eine bewegte Geschichte. Hier, im Talbecken des Hochlandes, hatten die Azteken, die sich selbst als Mexika bezeich-

46.3 Räumliche Entwicklung von Mexiko-City

Luft- und Umweltverschmutzung

„Wir fahren die Insurgentes, die 40 km lange Hauptstraße von Norden nach Süden; genauer gesagt wir kriechen! Stoßstange an Stoßstange, Stunden über Stunden. In Mexiko-Stadt, amtlich Ciudad de Mexico, gibt es über vier Millionen zugelassene Fahrzeuge. Zusammen mit der Industrie stoßen sie jährlich tonnenweise Abgase, Schadstoffe und Feinstaub in die Luft aus. An manchen Wochentagen gibt es wegen zu hoher Ozonwerte sogar Fahrverbote und die Schulen sind wegen der schlechten Luft zwei- bis dreimal im Monat geschlossen. Die Megastadt ist ein gefährlicher Smogkessel. Jährlich sterben nach offiziellen Angaben 70 000 Menschen an einer mit Luftverschmutzung zusammenhängenden Krankheit. Die von der Stadtverwaltung ins Leben gerufenen Programme zur Verbesserung der Luftqualität zeigen wenig Erfolge."

46.2 Atemmasken als Schutz?

46.4 Blick auf Mexiko-City

neten, auf einer Insel im Texcoco-See 1325 ihre Hauptstadt Tenochtitlán gegründet. Durch die Höhenlage (2310 m ü. NN) mit ganzjährig ausgeglichenen Temperaturen, trockener Luft sowie hoher Sonneneinstrahlung ist Mexiko ein günstiger Ansiedlungspunkt. 1521 eroberten die Spanier das Gebiet und zerstörten Tempel und Pyramiden. Eine neue Stadt namens „Mejico" wurde durch die Eroberer gegründet, die schnell Verwaltungs-, Wirtschafts- und Kulturzentrum wurde.

Kriminalität, Jugendbanden und Schutzgeld

In Mexiko-Stadt leben hunderttausende von Jugendlichen und Kindern auf den Straßen. Sie stammen meist aus zerbrochenen Familien. Ihr Zuhause sind verlassene Häuser oder U-Bahn-Schächte. Mit Gelegenheitsarbeiten, zum Beispiel als Straßenverkäufer, halten sie sich am Leben. In ihrer hoffnungslosen Lage schnüffeln viele Klebstoff oder Benzin, denn die giftigen Dämpfe lassen sie ihr Elend vergessen. Manche verlieren sich auch im Sumpf von Alkohol oder anderen Drogen. Dabei werden selbst kleinste Kinder oft als Drogendealer missbraucht. Zuerst bringt man sie selbst in Abhängigkeit, um von ihnen dann riskante und lebensbedrohliche Geschäfte verlangen zu können.

47.1 *Jugendbande*

Jeder ist sich selbst der Nächste und häufig bereit, seine „Freunde" für den eigenen Vorteil zu verraten. Manchmal werden die Jugendgangs auch Opfer polizeilicher Erpressung, denn für ungehindertes „Arbeiten" verlangen korrupte Polizisten einen Anteil am Einkommen der Kinder.

Armut, Arbeitslosigkeit, Ausbeutung

In vielen Städten Südamerikas warten jeden Morgen unzählige Menschen auf jemanden, der ihnen Arbeit anbietet: auf Baustellen, in Gärten oder in kleinen Betrieben; meist nur für ein paar Tage. Eine richtige Schulbildung, geschweige denn eine Ausbildung, haben die meisten nicht, daher können sie nur einfache Tätigkeiten verrichten. Sie sind weder krankenversichert noch erhalten sie später Rente.
Dieses Leben zwischen ständiger Arbeitssuche und schlecht bezahlten Kurzzeitjobs treibt Tausende, in der Hoffnung auf Arbeit, in die USA. Jede Nacht versuchen illegale Einwanderer zwischen Mexiko und den USA die Grenzzäune zu überwinden.

47.2 *Arbeitssuchende*

Auf dieses Problem haben zahlreiche US-Firmen reagiert: Sie siedelten sich im Norden von Mexiko-Stadt an und beschäftigen für lediglich 120 Euro im Monat mexikanische Arbeitnehmer. Vor allem junge Frauen werden eingestellt, da sie die billigsten und fügsamsten Arbeitskräfte sind.

AUFGABEN >>

1. Erläutere die Stadtentwicklung von 1910 bis heute.
2. Erstelle einen Steckbrief mit den wichtigsten Informationen zu Mexiko-Stadt.
3. Beschreibe die Probleme der Stadt. Überlege Lösungsansätze.
4. Entwickle ein Bild der Stadt in einigen Jahren, falls für die Probleme keine Lösungen gefunden werden

Vom Leben der Kinder in den Elendsvierteln erzählt das Buch „Alicia geht in die Stadt"

„... Von den Favelas heißt es: Wer im Dreck lebt, wird zu Dreck ... Jorginho und Alicia sitzen wie immer im Kreis der Jungen und Mädchen, die zu keiner Familie gehören. Durchreisende werden sie genannt, weil sie fast alle eines Tages hier aufgetaucht, eine Zeit lang geblieben, verschwunden und irgendwann wiedergekommen sind.
Jorginho war zehn und Alicia sechs Jahre alt, als sie nach Belfort Roxo kamen ... Ihre Mutter war zu dem Zeitpunkt schon lange tot. ... Alicia ist sehr froh, dass die Durchreisenden sich gefunden haben. Ohne die anderen Jungen und Mädchen, die alle wie sie von kleineren Diebstählen oder Bettelei leben, wären Jorginho und sie noch immer allein.
... ‚Ich sage euch, wenn wir uns das noch lange gefallen lassen, ist bald einer von uns dran.' Jorginho ist sehr erregt. Am frühen Morgen ist wieder ein ‚Schinken' gefunden worden, ein zwölfjähriger Junge namens Alonso. Er hing am Querbalken des Fußballtores, draußen vor den Baracken.
‚Schinken', so nennt man in den Favelas die Toten, von denen fast jeden Tag zwei oder drei gefunden werden. Es sind immer Leute aus der Baixada, meistens aber Kinder."

(Aus: Klaus Kordon: Alicia geht in die Stadt. Weinheim 2003)

Straßenkinder in Rio de Janeiro

Rio de Janeiro – das sind der Zuckerhut, tanzende lachende Menschen im Karneval und die Copacabana, ein weißer Strand mitten in der Stadt. Das sind aber auch Armut, Elendsviertel (**Favelas**) zwischen den reichen Wohnvierteln und elternlose Straßenkinder. Jeden Tag kämpfen sie ums Überleben, denn sowohl von den wohlhabenden Bewohnern als auch von den in den Favelas lebenden Erwachsenen werden sie geächtet.

Oft kommen die Kinder zusammen mit ihren Eltern voller Hoffnung in die Großstädte, weil das Landleben ihnen kaum Zukunftsaussichten bietet (> S. 44). Doch die Arbeitslosigkeit in den Favelas von Rio liegt bei rund 50 Prozent. Viele Erwachsene sehen keinen Ausweg und suchen Trost im Alkohol. Oft kommt es dann zu häuslicher Gewalt, weshalb viele Kinder von zu Hause weglaufen. Andere landen auf der Straße, weil ihre Eltern aufgrund von Krankheiten oder Verbrechen gestorben sind. Um ein bisschen Geld zum Überleben zu verdienen, gehen die Kinder in die reicheren Viertel, um zu stehlen oder zu betteln.

Die Straßenkinder schließen sich meist in kleinen Gruppen zusammen. Sie schlafen in Hauseingängen, in Unterführungen oder in den Parks. Tagsüber gehen die Jüngeren betteln, Zeitungen und Kaugummis verkaufen oder Schuhe putzen. Die Älteren versuchen sich mit Diebstählen über Wasser zu halten. Die zunehmende Kriminalität der Straßenkinder ist vielen Stadtbewohnern ein Dorn im Auge. Deshalb werden teilweise sogenannte „Justiceiros" (Gerechtigkeitsvertreter) von Politikern oder Geschäftsleuten engagiert. Diese illegalen Killerkommandos sollen für Ruhe und Ordnung sorgen, indem sie die Kinder umbringen.

Hilfe haben die Straßenkinder nur wenig zu erwarten. Verschiedene Organisationen versuchen den Straßenkindern wieder eine Zukunft zu bieten, indem sie Nahrungsmittel bereitstellen oder sogar einen Schulbesuch ermöglichen. Aber dieses Angebot erreicht nur wenige.

48.1 Straßenkinder in Rio de Janeiro

AUFGABEN >>

1. Beschreibe das Leben eines Straßenkindes.
2. Vergleicht das Leben dieser Kinder mit eurem eigenen Leben.
3. Beschreibe mögliche Zukunftsaussichten der Straßenkinder.
4. Informiere dich über Organisationen, die in Brasilien den Straßenkindern helfen, und erstelle dazu eine Übersicht.

Jugendliche in Lateinamerika

Name: Luisa
Alter: 15 Jahre
Wohnort: Buenos Aires/Argentinien
Vater: Arzt
Mutter: Hausfrau

Name: Amancaya
Alter: 14 Jahre
Wohnort: Buenavista/ Kolumbien
Vater: Erntehelfer
Mutter: Erntehelferin

Wo wohnst du?
Ich wohne mit meinen Eltern im obersten Stock eines neuen Hochhauses in Buenos Aires, im Stadtteil Recoleta. Die Wohnung ist mit 160 m² schön geräumig. Von meinem Zimmer aus kann ich direkt auf die Dachterrasse gehen und auf den Rio de la Plata schauen.

Wie sieht dein Tagesablauf aus?
Um 6:15 Uhr stehe ich auf. Nach dem Frühstück, das unsere Angestellte für mich hergerichtet hat, werde ich von meiner Mutter in die Schule gefahren. Der Unterricht dauert von 7:45 bis 15:30 Uhr. An manchen Tagen habe ich noch zusätzlich Wahlunterricht. Danach werde ich von meiner Mutter wieder abgeholt. Manchmal gehe ich mit meinen Freundinnen noch kurz zum Einkaufen oder ein Eis essen. Bis zum Abendessen erledige ich noch Schularbeiten, damit ich nachher noch Zeit zum Chatten habe.
Am Wochenende unternehme ich meistens etwas mit meinen Freundinnen. Am liebsten gehen wir zusammen ins Kino, setzen uns in ein Café oder bummeln in einem der großen Shopping-Center.

Wie stellst du dir deine Zukunft vor?
Wahrscheinlich werde ich an einer der Universitäten wie mein Vater Medizin studieren. Dann mache ich eine eigene Praxis in Nordelta auf, das ist eine gated community, also eine abgeschlossene neue Stadt mit vielen Einfamilienhäusern.
Vielleicht werde ich auch ein paar Jahre nach Europa ziehen. Schließlich kenne ich schon einiges von unseren Urlaubsreisen.

Wo wohnst du?
Unsere Hütte steht in einem Dorf in der Nähe von Buenavista. Mit meinen drei Schwestern teile ich mir ein kleines Zimmer. Meine Eltern schlafen im zweiten Wohnraum, der auch gleichzeitig die Küche ist. Obwohl es uns schon lange versprochen wurde, sind wir immer noch nicht ans Stromnetz angeschlossen.

Wie sieht dein Tagesablauf aus?
Um fünf Uhr morgens stehe ich auf. Dann helfe ich meiner Mutter beim Wasser holen und Frühstück machen. Während meine Schwestern für unsere Lamas zuständig sind, arbeite ich zusammen mit meinen Eltern auf einer Kaffeeplantage in der Nähe. Um sieben Uhr beginnt der Arbeitstag. Je nach Jahreszeit wird der Kaffee von Ungeziefer befreit, geerntet oder weiterverarbeitet. Meist bin ich dort zehn Stunden beschäftigt und verdiene so etwas für unseren Lebensunterhalt. Das ist harte körperliche Arbeit. Deshalb bin ich abends immer müde, aber ich muss noch bei der Hausarbeit helfen. Gibt es auf der Plantage nichts zu tun, verarbeiten wir Lamawolle zu Decken und Teppichen, die wir auf dem Markt verkaufen. Dort besorgen wir uns auch Reis und Gemüse. Fleisch gibt es nur selten, weil es zu teuer ist.

Wie stellst du dir deine Zukunft vor?
Wahrscheinlich arbeite ich mit meinen Eltern, bis ich heirate. Leider bin ich nur zwei Jahre in die Schule gegangen, bis ich Geld verdienen musste. So habe ich kaum Aussichten auf einen gut bezahlten Job. Aber ich träume davon, als Kindermädchen zu arbeiten, dann kann ich mir vielleicht auch einmal einen Kinobesuch oder ein schönes Kleid leisten.

AUFGABEN >>

1. Erstellt einen Steckbrief zum Leben der beiden Mädchen.
2. Vergleicht die Lebensumstände der Mädchen. Würdest du mit einem tauschen wollen?
3. Beantworte die Interviewfragen aus dem Text in Bezug auf dein Leben.

50.1 Alexander von Humboldt

„*Welche Bäume! Kokosnussbäume mit fußgroßen, hellroten, herrlichen Blüten; Paradiesfeigen mit enormen Blättern so groß wie eine Handfläche und eine Fülle von Bäumen, von denen wir überhaupt nichts wissen... Wir laufen herum wie die Irren; während der ersten drei Tage waren wir unfähig, irgendetwas einzuordnen; wir heben ein Ding auf, um es gleich wieder wegzuwerfen und ein anderes zu nehmen. Ich werde noch verrückt, wenn die Wunder nicht aufhö-ren...*
Vier Monate schliefen wir in den Wäldern, umgeben von Krokodilen, Boas und Jaguaren, nichts genießend als Reis, Ameisen, Maniok; Bananen, Flusswasser und bisweilen Affen. Mitten im dichten Wald haben wir Mühe uns Brennholz zu verschaffen, denn in diesen Äquatorialgegenden, wo es fortwährend regnet, strotzen die Äste der Bäume so von Saft, dass sie fast gar nicht brennen." (aus dem Reisetagebuch von Alexander von Humboldt)

Amazonien – ein schützenswerter Naturraum

Amazonien ist nach dem Amazonas, dem wasserreichsten Fluss der Erde, benannt. In dieser Landschaft von 3 500 km Länge und 2 000 km Breite liegt der größte Regenwald der Welt. Insgesamt erstreckt sich das verzweigte Flusssystem des Amazonas auf über 50 000 km Länge. In der Regenzeit sind weite Teile des Amazonasbeckens überflutet, sodass das Schiff das wichtigste Verkehrsmittel bildet.
Es herrscht ganzjährig ein feucht-warmes Klima mit hoher Luftfeuchtigkeit. Fast täglich fallen ergiebige Niederschläge. Deshalb haben sich hier zahlreiche Tier- und Pflanzenarten entwickelt. Bis jetzt sind 1,4 Millionen Arten entdeckt worden, man schätzt die Anzahl aber auf über fünf Millionen verschiedene Spezies.
Jahrhundertelang lebten in dem Gebiet nur Indio-Völker. Erst im 17. Jahrhundert gründeten die Portugiesen Handels- und Missionsstationen am Amazonas und seinen Nebenflüssen. 1799 begann der deutsche Naturwissenschaftler Alexander von Humboldt (Abb. 50.1) das Gebiet zu erforschen. Unter unvorstellbaren Schwierigkeiten beobachtete er das Verhalten der Urwaldtiere und zeichnete über 3 000 neue Pflanzenarten.
Wirtschaftlich interessant wurde Amazonien erst später wegen seiner Hölzer, Bodenschätze und des erhofften Ackerlandes. Im 20. Jahrhundert leitete die brasilianische Regierung Maßnahmen zur Erschließung und Besiedelung des Amazonasgebietes ein. Straßen wurden gebaut und Land verschenkt, damit sich Bauern ansiedeln. Auf die Urbewohner wurde keine Rücksicht genommen, im Gegenteil – einige Völker wurden im Zuge der Erschließung ausgerottet.

Wunderwelt Amazonien
Wusstest du schon,...
... dass hier die zweitgiftigsten Tiere der Welt leben? Die Pfeilgiftfrösche sondern über die Haut ein Sekret namens Curare ab. Gerät es in die Blutbahn, stirbt man innerhalb weniger Minuten.
... dass die Bäume nur deshalb überleben, weil ihre Wurzeln von einem dichten Pilzgeflecht bedeckt sind? Diese Pilze nehmen Nährstoffe auf und geben sie an die Bäume weiter. Dafür bekommen sie Zucker und andere Stoffe.
... dass man Piranhas am besten fängt, wenn man mit der Angel auf das Wasser schlägt? Dadurch meinen die Fische, dass es dort etwas zu fressen gibt, und schnappen einfach zu.
... dass es Holz gibt, das nicht schwimmt? Das Eisenholz ist so schwer, dass es untergeht. Es ist so hart, dass es selbst mit Stahlwerkzeugen schwer zu bearbeiten ist.
... dass es im Regenwald sehr laut ist? Sowohl die Vögel als auch die Affen verständigen sich mit schrillen Pfeif- und Kreischlauten. Teilweise sind die Pfiffe so hoch, dass es in den Ohren weh tut.
... dass Herr Nielsson, das Äffchen von Pippi Langstrumpf, ein Totenkopfäffchen aus Südamerika ist?

AUFGABEN >>

1. Beschreibe den Naturraum und das Klima Amazoniens.
2. Finde weitere interessante Informationen über den Lebensraum tropischer Regenwald. Nutze dazu das Internet.

51.1 Verlauf der Transamazônica

Steckbrief Transamazônica
Bauzeit: 1970–1974
Kosten: über 750 Mio. EUR
Länge: rund 5 600 km Gesamtlänge von Recife bis zur peruanischen Grenze, davon 3 500 km durch tropischen Regenwald
Breite: 70–80 m breite Rodungsgasse, eigentliche Straße 8,60 m breit
Beschaffenheit: Lehmschotterpiste, nur im Osten asphaltiertes Teilstück
Erschließung: Einsatz modernster Technik; 500 Ingenieure, 11 000 Arbeiter

Ein Weg durch die Wildnis: die Transamazônica

Um Amazonien besser wirtschaftlich nutzen zu können, begann die brasilianische Regierung 1970 mit dem Bau der Transamazônica. Diese Straße sollte die atlantische mit der pazifischen Küste verbinden. Außerdem sollte entlang der Straße eine Besiedelung stattfinden.

Der Bau stellte eine enorme technische Leistung dar. Weite Strecken Amazoniens waren noch unerforscht. Tausende von Arbeitern fällten die Urwaldriesen und rissen eine breite Schneise durch den Wald. Doch die Überschwemmungen während der Regenzeit sorgten schon während der Bauphase für Unterspülungen. Teilweise wurden ganze Abschnitte weggeschwemmt. Zahlreiche Flüsse und Schluchten mussten mit Brücken überwunden werden, bis man bis zu den Ausläufern der Anden vordrang. Hinzu kam der Widerstand von Seiten der Naturschützer und der einheimischen Naturvölker, denn viele Indios wurden bei der Erschließung mit Gewalt vertrieben oder getötet.

Auch heute gibt es noch erhebliche Probleme. Die Straße wird teilweise von der Vegetation wieder überwuchert. Ein- bis zweimal im Jahr wird die Transamazônica durch Überschwemmungen teilweise zerstört. Da nur kleine Abschnitte der Straße asphaltiert sind, kann die Erosion sehr große Schäden anrichten. Die Kosten für die Erhaltung der Straße sind enorm hoch. Eine Fahrt von Küste zu Küste ist immer noch nicht möglich, sodass viele das „Jahrhundertprojekt" als gescheitert ansehen.

AUFGABEN >>

1. Welche Probleme haben sich beim Bau der Transamazônica ergeben?
2. Sammelt Argumente für bzw. gegen den Bau der Transamazônica und führt anschließend eine Podiumsdiskussion durch.

51.2 Waldzerstörung entlang der Transamazônica

51.3 Bau einer Erschließungsstraße

Zerstörung der tropischen Regenwälder – Beispiel Amazonien

In Millionen von Jahren entwickelte sich eine erstaunliche Vielfalt an Lebensformen im Regenwald. Doch zurzeit werden täglich 100 Tier- und Pflanzenarten ausgerottet. Pro Minute werden etwa 30 ha Regenwald unwiederbringlich vernichtet. Allein von 1960 bis 2000 gingen weltweit Flächen von 5 Mio. km² für immer verloren (zum Vergleich: Europa ist 10 Mio. km² groß).
In Brasilien sind an der Regenwaldzerstörung die Agrarsiedler zu 50 % und die Großfarmen für die Rinderwirtschaft zu 40 % beteiligt. Der Flächenverbrauch für die restlichen 10 % entfällt auf Stauseen und Industrie, auf Holzkohlenproduktion und Holzwirtschaft sowie auf Zerstörungen durch Goldwäscherei.

In Amazonien waren die Brände durch Brandrodungen so groß, dass die Rauchwolken eine Fläche von 2 Mio. km² bedeckten. Dies entspricht der sechsfachen Fläche Deutschlands.

52.1

Beiderseits der Straßen wurden Kleinbauern angesiedelt. Jeder sollte ein 100 ha großes Stück Wald erhalten, das sich 400 m entlang der Straße und 2500 m in die Tiefe des Waldes erstreckte. Nur die Hälfte des zugewiesenen Waldes durfte gerodet werden. Doch da die Erträge schon nach einem Jahr sanken, musste immer neues Land gerodet werden.

52.2

Mahagoni, Limba und Palisander sind Holzarten aus dem Regenwald. Wegen ihrer Härte, Beständigkeit und auffälligen Färbung sind sie in der ganzen Welt begehrt. Um einzelne Bäume zu erreichen, müssen breite Transportschneisen in den Regenwald geschlagen werden. Große Flächen werden so zerstört. Die wertvollen Bäume wachsen nur langsam nach. Oft rücken Siedler nach und zerstören den Wald vollends.

52.3

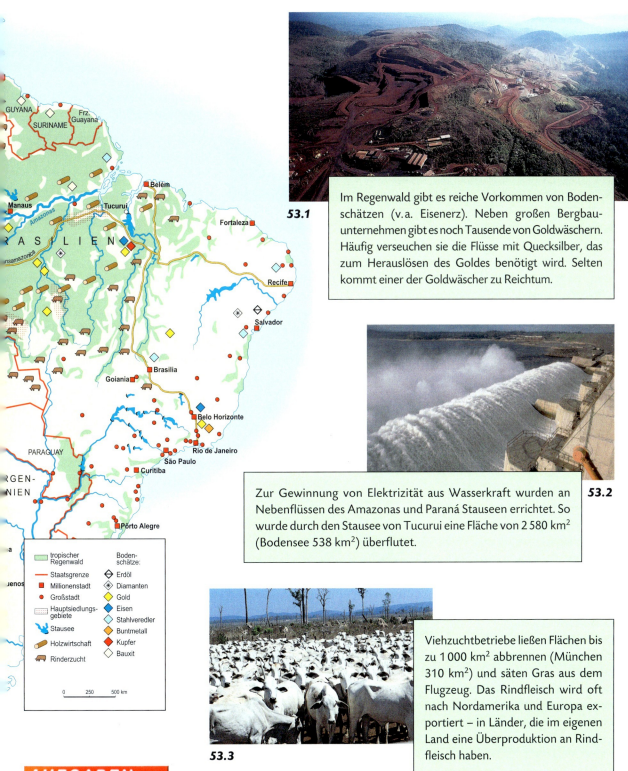

53.1 Im Regenwald gibt es reiche Vorkommen von Bodenschätzen (v.a. Eisenerz). Neben großen Bergbauunternehmen gibt es noch Tausende von Goldwäschern. Häufig verseuchen sie die Flüsse mit Quecksilber, das zum Herauslösen des Goldes benötigt wird. Selten kommt einer der Goldwäscher zu Reichtum.

53.2 Zur Gewinnung von Elektrizität aus Wasserkraft wurden an Nebenflüssen des Amazonas und Paraná Stauseen errichtet. So wurde durch den Stausee von Tucurui eine Fläche von 2 580 km² (Bodensee 538 km²) überflutet.

53.3 Viehzuchtbetriebe ließen Flächen bis zu 1 000 km² abbrennen (München 310 km²) und säten Gras aus dem Flugzeug. Das Rindfleisch wird oft nach Nordamerika und Europa exportiert – in Länder, die im eigenen Land eine Überproduktion an Rindfleisch haben.

AUFGABEN >>

1 Beschreibt mit eigenen Worten die verschiedenen Eingriffe in den Regenwald und nennt Folgen für die Natur.
2 Wie könnte man die Vernichtung der tropischen Regenwälder stoppen? Erstellt eine Liste möglicher Maßnahmen.

Steckbrief Xingú (sprich: Schingu)
Gebiet: Oberlauf des Xingu-Flusses (Brasilien)
Stämme: 15 verschiedene Gruppen
Sprache: verschiedene
Bevölkerungszahl: etwa 3 000

54.1

Geschichte

Die Xingú gehören zu den Tieflandindianern, die im Amazonasbecken leben. Ursprünglich war deren Lebensraum nicht nur auf einen Teil des Xingú-Flusses beschränkt, doch in den vergangenen Jahrhunderten wurden sie von weißen Siedlern gewaltsam verdrängt. Die Stromschnellen am Oberlauf des Flusses boten ihnen Schutz, bis im 20. Jahrhundert auch hier Straßen gebaut wurden. Durch eingeschleppte Krankheiten wie Grippe, Masern oder Malaria verringerte sich ihre Anzahl um die Hälfte, auf etwa 1 500. Zwei brasilianische Geschäftsleute errichteten schließlich in dem Gebiet Verwaltungs- und Handelsposten und setzten sich für die Rechte der Xingú ein. Auf ihr Betreiben hin wurde 1961 ein Reservat errichtet. Hier sollten die Xingú möglichst abgeschieden von den weißen Eindringlingen und im Einklang mit der Natur leben. Durch diesen Schutz stieg die Bevölkerung wieder auf 3 000 Menschen an.

54.2 *Xingú*

Lebensalltag

Die Xingú leben vor allem vom Anbau von Maniok, Bananen und anderen Früchten. Außerdem jagen sie kleine Tiere wie Affen, Schlangen und Wasserschweine. Fisch steht natürlich auch auf dem Speiseplan. Außerdem werden eiweißreiche Maden und große Ameisen, Wurzeln und wilde Früchte gesammelt. Dabei bleibt genügend Zeit, um sich am Dorfplatz vor dem großen Hauptgebäude zu unterhalten und Neuigkeiten auszutauschen. Feste, wie das Flötenfest oder das Fest der Freude, spielen bei den Xingú eine große Rolle. Dazu gibt es fast zwanzig verschiedene Tänze, die von Gesängen und Trommeln begleitet werden.

Heutige Situation

Obwohl die Xingú lange Zeit abgeschieden lebten, hat auch hier die „Zivilisation" Einzug gehalten. Vereinzelt gibt es Fernseher oder Fahrräder, die im dichten Urwald aber eher als Kleiderständer benutzt werden. Auch der Umgang mit einer Kamera oder einem Handy ist vor allem für junge Xingú kein Problem mehr. Viele wollen nicht mehr nackt herumlaufen, sondern bevorzugen Jeans und T-Shirt. Trotzdem sind nur wenige Dörfer an das Strom- und das Straßennetz angeschlossen. Es gibt zwar in größeren Siedlungen Telefonzellen, aber kaum jemand hat eine Telefonkarte.

Viele Kinder werden zur Schule in die nahegelegenen Städte geschickt. Nur ein Bruchteil kommt wieder ins Dorf zurück, da sie sich an den brasilianischen Lebensstil gewöhnt haben. Auch politisch hat sich einiges verändert. Ein Großteil der Mitarbeiter, die das Reservat verwalten, sind mittlerweile Xingú-Indianer.

Doch auch jetzt ist ihr Lebensraum bedroht. Wegen des zunehmenden Umweltbewusstseins will die brasilianische Regierung stärker auf ökologische Energien zurückgreifen. Ein Staudamm, der ein Drittel des Reservats überfluten würde, soll deshalb am Xingú-Fluss errichtet werden. Nicht nur die dort lebenden Indianer, auch Prominente wie der Sänger Sting kämpfen dagegen.

AUFGABEN >>

1. Erstellt ein Plakat über die Xingú.
2. Suche weitere Informationen über das Staudammprojekt am Xingú.
3. Stellt ein weiteres Volk der Tieflandindianer vor.

Die Uros – ein Leben auf einem Andensee

Steckbrief Uros
Gebiet: Titicacasee (Peru, Bolivien)
Stämme: 3 Gruppen
Sprache: früher Uro, heute Aymara
Bevölkerungszahl: etwa 2000

55.1

Geschichte

Die Uros gehören zu den Hochlandindianern in den Anden. Ursprünglich war der Lebensraum dieser Indianer nicht nur auf den Titicacasee und sein Ufer beschränkt, sondern sie betrieben auch Viehzucht und Ackerbau in den Hochebenen von Peru und Bolivien. Aufgrund des regen Handels mit den Aymara-Indianern übernahmen sie nach und nach auch deren Sprache. Als sich aber die Inka im 15. Jahrhundert immer weiter ausbreiteten, waren die Uros gezwungen, auf den See auszuweichen. Aus dem Schilf, das im flachen Wasser wächst, bauten sie sich große schwimmende Inseln. Auch ihre Hütten und Boote stellten sie aus diesen Pflanzen her. Trotzdem zwang man sie, Abgaben zu zahlen. Teilweise wurden sie auch versklavt. Nach dem Ende der Inkaherrschaft lebten sie weiter vom Fischfang und dem Anbau in Ufernähe. Allerdings zog es immer mehr Uros aufs Festland, da dort das Leben einfacher war. Dort fand eine Vermischung mit den Aymara statt. Heute gibt es keine reinen Uros mehr, der letzte Vollblut-Uro starb 1959.

55.2 Uros

Lebensalltag

Die Uros leben hauptsächlich vom Fischfang. Mit Netzen jagen sie unter anderem Andenkärpflinge und Welse. Diese werden gekocht oder gebraten, wobei immer sorgsam darauf geachtet wird, dass die Schilfunterlage nicht zu brennen beginnt. Das Schilf ist nicht nur der Rohstoff für Schiffe, Häuser und Möbel, die weißen Spitzen dienen auch als Nahrungsmittel. Zudem werden Heilmittel daraus hergestellt. Die Frauen sind bekannt für ihre handgewebten Teppiche und Kleider, die in den für die Andenvölker typisch bunten Farben leuchten.

Ein Problem ist die Suche nach frischem Wasser, da der See teilweise verschmutzt ist. Vor allem im Winter ist das Leben auf dem fast 4000 Meter hoch gelegenen See sehr entbehrungsreich.

Heutige Situation

Heute wachsen die Kinder auch noch auf den Inseln oder in den Dörfern am Ufer auf und gehen dort zur Grundschule. Danach werden sie aber in die Städte zur weiteren Ausbildung geschickt.
Auch die Technik hat Einzug gehalten. Die Boote haben oft einen Außenbordmotor. Auf den Schilfdächern findet man teilweise Solar- oder Photovoltaikanlagen, die die Fernsehgeräte und Radios mit Strom versorgen. Auf der Hauptinsel befindet sich sogar ein Radiosender von und für Uros.
Haupteinnahmequelle der Uros ist heute der Tourismus. Während die Indianer früher allem Fremden eher abweisend gegenüberstanden, erlauben sie nun einer begrenzten Anzahl von Touristen, sie auf ihren Inseln zu besuchen. Jetzt werden die Handarbeiten als Souvenirs angeboten oder Lieder und Tänze gegen Bares vorgetragen. Leider können die Uros nur so überleben.

AUFGABEN >>

1. Erstellt ein Plakat über die Uros und präsentiert es der Klasse.
2. Suche im Internet weitere Informationen über den Titicacasee.
3. Stellt in der Klasse ein weiteres Volk der Hochlandindianer vor.

Plantagen – landwirtschaftliche Großbetriebe

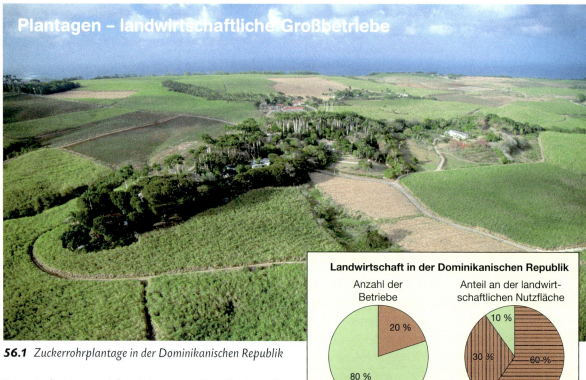

56.1 Zuckerrohrplantage in der Dominikanischen Republik

So weit das Auge reicht, sieht man grüne Zuckerrohrfelder rund um die Wirtschaftsgebäude der **Plantage**. Der Besitzer, eine US-amerikanische Firma, hat viel Kapital in die Zuckermühle, die Lagerhallen und die Maschinen investiert, um in einer großen **Monokultur** das „grüne Gold" anzubauen und zu verarbeiten.
Diese landwirtschaftlichen Großbetriebe sind typisch für Mittel- und Südamerika. Die meisten Plantagen wurden durch die ehemaligen Kolonialherren gegründet (> S. 42), die große Flächen billig kaufen konnten oder auch für besondere Verdienste geschenkt bekamen. Der tropische Regenwald wurde abgeholzt und die Einheimischen, die das Land bewirtschafteten, wurden enteignet und vertrieben. Diese ungleiche Besitzverteilung ist auch heute noch zu erkennen (Abb. 56.2)
In der Dominikanischen Republik wurde die Plantagenwirtschaft von amerikanischen Firmen übernommen, die große Gebiete billig aufkauften. Heute ist das Zuckerrohr das bedeutendste Agrarprodukt.

Landwirtschaft in der Dominikanischen Republik

Anzahl der Betriebe: 20 % Großbetriebe (> 5 ha), 80 % Kleinbetriebe in Privatbesitz (< 5 ha)

Anteil an der landwirtschaftlichen Nutzfläche: 10 % staatlich, 30 % US-amerikanische Unternehmen, 60 % Großbetriebe

56.2 Besitzverteilung

Steckbrief Zuckerrohr
- aus der Familie der Süßgräser
- Halme mit Durchmesser bis zu 5 cm
- Höhe bis zu 6 m
- benötigt feuchtwarmes, tropisches Klima
- Ernte nach 11 bis 20 Monaten
- pro Pflanze bis zu 20 l Saft und 2 kg Zucker
- ursprünglich nur in Asien angebaut
- durch Kolumbus in die Karibik gebracht
- 55 % der weltweiten Zuckerproduktion aus Zuckerrohr
- Anbau auf Plantagen in Monokultur

56.3

56.4-9 Plantagenpflanzen: Banane, Kaffee, Kakao, Soja, Zuckerrohr, Baumwolle

Bericht eines Plantagenarbeiters: *„Eigentlich komme ich aus Haiti. Vor zwei Jahren bin ich mithilfe einer Schlepperbande illegal in die Dominikanische Republik eingewandert, weil dort Arbeitskräfte gebraucht wurden. Hier auf der Zuckerrohrplantage kann ich arbeiten, wenn auch nur für wenig Lohn. Viele Einheimische sind bereits in die Städte abgewandert, da im Tourismus der Verdienst besser ist. Also können wir illegalen Einwanderer hier beschäftigt werden. Allerdings kann ich mir von dem bisschen Geld keine eigene Wohnung leisten. Mit fünf anderen Arbeitern teile ich mir daher eine Baracke in der Nähe der Plantage.*

Die Arbeitsbedingungen sind hart. Das Schneiden des Zuckerrohrs bei diesem schwülwarmen Klima ist ein Knochenjob. Außerdem habe ich keine Schutzkleidung, die verhindert, dass ich mit den giftigen Pestiziden und Düngemitteln in Berührung komme. Wahrscheinlich kommt daher mein Husten und der Hautausschlag. Eine Krankenversicherung gibt es nicht, also versuche ich so weiterzumachen. Letztes Jahr wollten wir zwar eine Gewerkschaft gründen und für bessere Arbeitsbedingungen kämpfen, aber der Plantagenbesitzer hat gedroht, uns nach Haiti zurückzuschicken. Und dort sind die Zukunftsaussichten noch schlechter ..."

Bericht eines Plantagenmanagers: *„Natürlich weiß ich, dass die Arbeitsbedingungen auf der Plantage nicht die besten sind, aber ich muss auf die Wirtschaftlichkeit meines Unternehmens achten. Die Preise auf dem Weltmarkt sind seit Jahren nicht gestiegen, obwohl die Produktion immer teurer wird. Große Maschinen müssen*

angeschafft, die ausgelaugten Böden gedüngt und die Pflanzen gegen Schädlinge gespritzt werden. Das alles kostet viel Geld. Aber welcher Kunde will schon mehr für ein Päckchen Zucker bezahlen? Hinzu kommt die Konkurrenz aus Brasilien und Asien, sodass das Angebot größer als die Nachfrage ist. Daher werden die Preise auch in Zukunft nicht steigen. Wir müssen also die Löhne niedrig halten. Andererseits sind wir einer der größten Arbeitgeber in diesem Gebiet.

Ein weiteres Problem für uns ist der zunehmende Umweltgedanke. Mittlerweile gibt es verschiedene Auflagen, sodass wir nicht mehr so viel düngen und spritzen dürfen, weil das Grundwasser und die Flüsse darunter leiden.

Außerdem wird die Bodenerosion immer stärker, weil die abgeernteten Zuckerrohrfelder die Erde nicht mehr festhalten können. Durch diese beiden Faktoren verringert sich jedoch unser Ertrag."

Brasilien: Kleinbauern werden durch Zuckerrohrplantagen verdrängt

Malaysia: Regenwald muss Plantagen weichen

Nigeria: Immer mehr Kinderarbeit auf den Plantagen

Madagaskar: Korea will Land für Palmölplantage pachten

Mein Auto schluckt Alkohol
80 Prozent aller Neuwagen in Brasilien werden schon mit Flex-Fuel-Motoren ausgestattet – also Motoren, die sowohl mit Benzin als auch mit Bioethanol betankt werden können. Dieser Alkohol wird aus Zuckerrohr hergestellt und gehört zu den nachwachsenden Rohstoffen. Die brasilianische Regierung fördert den Anbau schon seit 1970, denn man möchte die Erdölimporte möglichst niedrig halten. Das Problem des Bioethanols liegt allerdings in der Herstellung. Die Flächen sollen immer weiter ausgedehnt werden, sodass Kleinbauern und der tropische Regenwald weichen müssen. Daher ist dieses Projekt weltweit äußerst umstritten.

57.1 Plantagenwirtschaft in aller Welt

AUFGABEN >>

1. Erstelle zu den Plantagenpflanzen (Abb. 56.4-9) einen Steckbrief nach dem Muster von Abb. 56.3.
2. Erkläre den Begriff Plantage und nenne typische Anbaupflanzen und -gebiete.
3. Welche Probleme sprechen der Plantagenarbeiter und der Manager an?
4. Suche weitere Schlagzeilen zur Plantagenwirtschaft mithilfe des Internets.

Lieblingsfrucht Banane

Die Banane ist die am häufigsten verzehrte Frucht in Deutschland. Im Durchschnitt isst jeder 14 Kilogramm im Jahr. Damit sind wir „Europameister", gefolgt von Schweden und Österreich. Allerdings gilt das nur für die Dessertbanane, denn eigentlich gibt es über hundert verschiedene Sorten von Bananen. Rote, gelbe, grüne, blaue oder braune Bananen wachsen in den tropischen Gebieten. Von daumengroßen Minibananen bis zu den unterarmgroßen Kochbananen gilt: je kleiner, desto süßer. Bis zur Obstabteilung im Supermarkt muss die Frucht allerdings einen langen Weg zurücklegen ...

Steckbrief: Banane
Herkunft: Südostasien
Anbaugebiete: alle tropischen Regionen
Klima: feucht-warm
Boden: locker, nährstoffreich
Aussehen: Staude mit großen, länglichen Blättern

Bananen können das ganze Jahr über geerntet werden. Die Früchte sind allerdings noch grün, wenn die Büschel von den Stauden geschnitten werden. Eines wiegt bis zu 60 kg. Die Arbeiter müssen sehr vorsichtig arbeiten, weil die Früchte äußerst empfindlich sind und schnell Druckstellen bekommen. Die restliche Staude wird umgeschnitten und zerhackt, sodass sie als Dünger für die nächsten Pflanzen dienen kann. In ein Netz eingewickelt werden die Bananen an ein Seil gehängt, das sie direkt zur Packstation bringt.

In der Packstation werden die Büschel in einzelne „Bananenhände" zerteilt, danach sorgfältig gewaschen und in Kisten verpackt. Anschließend werden sie auf dem schnellsten Weg mit Lastwagen zum nächsten Hafen gebracht. Dort werden sie in Containern auf große Frachtschiffe verladen. Diese Schiffe sind mit besonderen Kühlräumen ausgestattet, in denen genau +13 °C herrschen müssen. Denn sonst würden die Bananen auf der zweiwöchigen Reise vorzeitig reifen und in den Kisten verderben.

Im Zielhafen werden die Kisten in speziellen Reifekammern gelagert, in denen die Temperatur und die Luft genau kontrolliert werden. Je nach Auslieferungstermin wird dann die Reifung der Bananen eingeleitet. Dabei wird die Temperatur leicht erhöht und ein Gas hinzugefügt, das die Frucht gelb werden lässt. Nach einer Reifung von fünf bis zehn Tagen werden die Kisten für den Supermarkt gepackt. Wieder geht es mit Lastwagen auf die Reise, dieses Mal jedoch zur Obstabteilung und damit zum Kunden.

AUFGABEN >>

1. Beschreibe kurz die Voraussetzungen für den Anbau von Bananen.
2. Überlege, warum das ganze Jahr über Bananen geerntet werden.
3. Erstelle ein Merkbild zum Weg der Banane vom Feld bis zum Supermarkt.

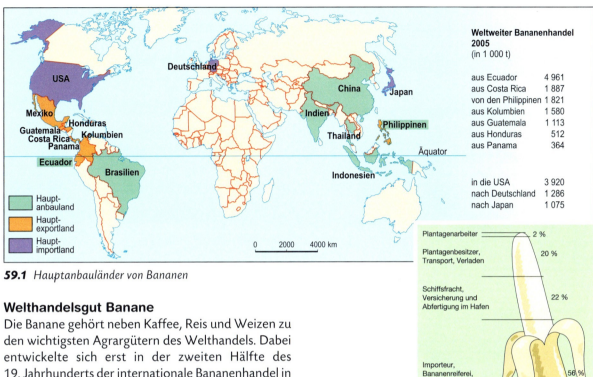

59.1 Hauptanbauländer von Bananen

59.2 Wer verdient an der Banane?

Welthandelsgut Banane

Die Banane gehört neben Kaffee, Reis und Weizen zu den wichtigsten Agrargütern des Welthandels. Dabei entwickelte sich erst in der zweiten Hälfte des 19. Jahrhunderts der internationale Bananenhandel in nennenswertem Umfang. Zuerst wurden Bananen nur von Mittelamerika auf den nordamerikanischen Markt gebracht. Wenige große US-amerikanische Konzerne sicherten sich Land für Plantagen und sorgten für die passende Infrastruktur, bauten also ein Schienennetz und eine große Schiffsflotte auf. So teilten sie den Weltmarkt unter sich auf und verhinderten, dass andere Firmen Fuß fassen konnten.

Die einheimischen Kleinbauern kämpfen auch heute noch um ihre Existenz, da die großen Firmen die Preise und Bedingungen bestimmen. Versuche, die Monopolstellung zu brechen, blieben bis jetzt erfolglos. Außerdem sind die Bauern von den Einfuhrzöllen und den aktuellen Verkaufspreisen in Europa und Nordamerika abhängig. Ein Preisverfall stürzt viele Kleinbauern und auch die Plantagenarbeiter in die Verschuldung. Denn für diese bleibt von den großen Gewinnen der **multinationalen Konzerne** nur sehr wenig übrig (Abb. 59.2).

Fairer Bananenhandel

Organisationen wie TransFair, BanaFair und Sixaola setzen sich für einen „fairen" Handel von Bananen ein. Sie wenden sich gegen die Ausbeutung der Produzenten in den Anbauländern und wollen erreichen, dass die Produkte zu hohen sozialen Standards und umweltgerecht angebaut werden. Die Produzenten erhalten angemessene Preise für ihre Waren und die Kinder können zur Schule gehen, statt mitarbeiten zu müssen. TransFair vergibt ein Siegel für fair gehandelte Waren, sodass man sie beim Einkauf direkt erkennt. Wer solche Produkte kauft, erhält für einen nur wenig höheren Preis umweltschonend angebaute, gesunde Produkte und trägt zu einem besseren Leben der Kleinbauern und Plantagenarbeiter bei.

AUFGABEN >>

1. Zeichne ein Säulendiagramm zum Bananenhandel (Abb. 59.1).
2. Mit welchen Problemen haben die einheimischen Bananenpflanzer zu kämpfen?
3. Was bedeutet „fairer" Bananenhandel?
4. Informiere dich über eine Organisation genauer.

Erstellung und Auswertung eines Kausalprofils

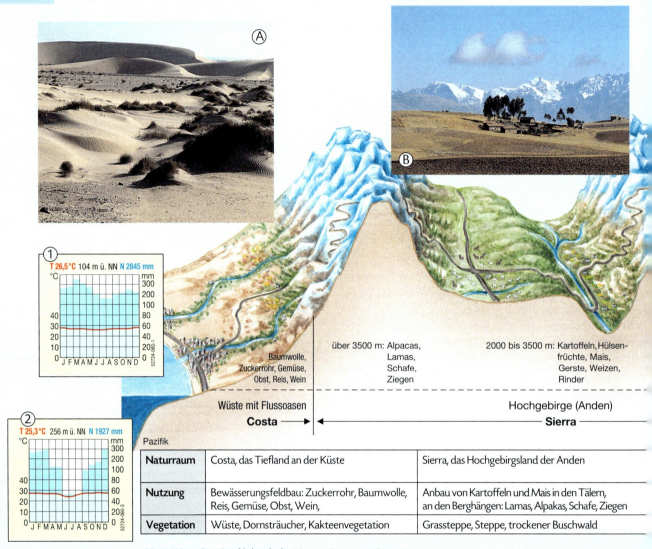

Naturraum	Costa, das Tiefland an der Küste	Sierra, das Hochgebirgsland der Anden
Nutzung	Bewässerungsfeldbau: Zuckerrohr, Baumwolle, Reis, Gemüse, Obst, Wein,	Anbau von Kartoffeln und Mais in den Tälern, an den Berghängen: Lamas, Alpakas, Schafe, Ziegen
Vegetation	Wüste, Dornsträucher, Kakteenvegetation	Grassteppe, Steppe, trockener Buschwald

60.1 West-Ost-Profil durch die Naturräume von Peru

60.2 Pilotkarte

Grundlage des Kausalprofils ist ein Querschnitt durch einen bestimmten Raum. So lässt sich das Relief eines Teils der Erdoberfläche veranschaulichen. Beim Kausalprofil wird dieser Querschnitt um weitere Informationen in einer darunter stehenden Tabelle ergänzt. So kann man komplexe Zusammenhänge in Abhängigkeit des Reliefs darstellen – z.B. Vegetation, Klima oder die landwirtschaftliche Nutzung.

So wird's gemacht
1. Wähle einen geeigneten Raum aus und erstelle mithilfe einer physischen Karte sowie eines geeigneten Höhen- und Längenmaßstabes einen Querschnitt.
2. Teile den ausgewählten Raum in Landschaftseinheiten ein.
3. Lege geeignete Merkmale, die untersucht werden sollen, fest. Beschaffe dir dazu Informationen aus dem Atlas, weiteren Büchern, dem Internet oder anderen Quellen.
4. Finde Zusammenhänge zwischen den einzelnen Merkmalen heraus und erkläre sie.

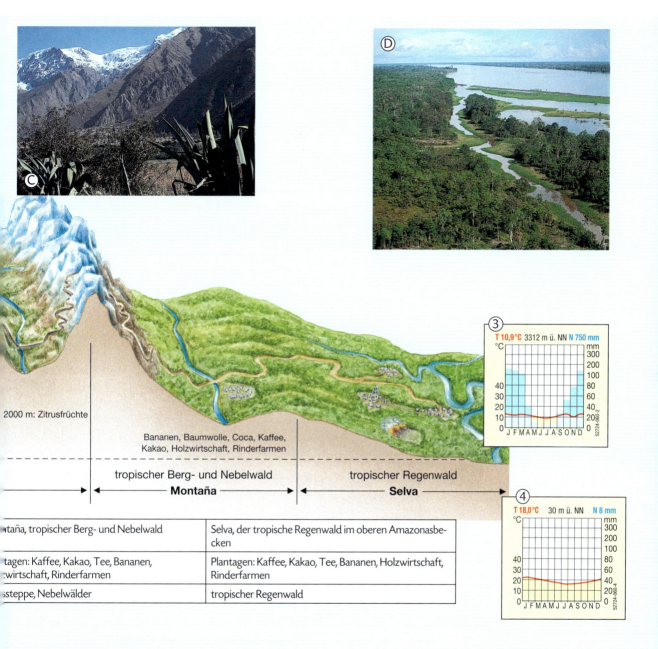

...taña, tropischer Berg- und Nebelwald	Selva, der tropische Regenwald im oberen Amazonasbecken
...tagen: Kaffee, Kakao, Tee, Bananen, ...wirtschaft, Rinderfarmen	Plantagen: Kaffee, Kakao, Tee, Bananen, Holzwirtschaft, Rinderfarmen
...ssteppe, Nebelwälder	tropischer Regenwald

Tipps zur Auswertung

Anders geht man vor, wenn man ein bereits vorhandenes Kausalprofil auswertet.
1. Verorte den dargestellten Raum mithilfe von Karten oder eines Atlas.
2. Verschaffe dir einen Überblick über das Relief und die Landschaftseinheiten.
3. Stelle die Merkmale, die diese Einheiten auszeichnen, fest und erläutere diese.
4. Stelle Zusammenhänge zwischen den einzelnen Merkmalen her und erkläre diese.

AUFGABEN >>

1. Ordne den Abbildungen A-D die jeweiligen Klimadiagramme (1-4) richtig zu.
2. Erstellt in der Gruppe einen Vortrag zur wirtschaftlichen Nutzung der Naturräume.
3. Erstelle selbst ein Kausalprofil zu einem geeigneten Raum.

Lateinamerika und Deutschland – ...

Oktoberfest in Blumenau – das klingt zunächst einmal nicht sonderlich spektakulär. Doch in Blumenau, einer Stadt mit 300 000 Einwohnern im Süden Brasiliens, findet seit 1983 das größte Oktoberfest außerhalb Deutschlands statt. Jedes Jahr feiern die Einwohner und bis zu eine halbe Million Touristen drei Wochen lang in traditionellen Bierzelten und -gärten. Das Bier wird zwar „nur" in halben Litern ausgeschenkt, aber ansonsten wird auf bayerische Tradition geachtet. Jeden Tag tanzen Trachtengruppen und typische Blasmusik schallt über das ganze Areal. Höhepunkte sind die Wahl der Oktoberfestkönigin und der Wettbewerb im Biertrinken. Mittags zieht ein Bierwagen durch die Feststraßen und verteilt eine Stunde lang Freibier. Die ortsansässigen Schützenvereine küren einen Schützenkönig, der hohes Ansehen genießt.
Wer etwas auf sich hält und das Eintrittsgeld sparen will, kommt in Lederhose oder Dirndl ...
Suche mithilfe des Internets noch weitere Orte, in denen ein Oktoberfest gefeiert wird.

Karneval in Rio – einmal im Jahr herrscht in der Stadt Ausnahmezustand. Millionen von Touristen strömen dann in die Stadt, um rund um die Uhr das bunte Treiben auf den Straßen zu verfolgen. Die mitreißende Musik und die überwältigende Gastfreundlichkeit locken jedes Jahr zahlreiche Deutsche in die Stadt.
Auch außerhalb der großen Metropolen hat Lateinamerika viel zu bieten: Die weißen Traumstrände am türkisblauen Wasser der Karibik üben eine ebenso große Anziehungskraft aus, zum Beispiel die berühmten Bauten der Maya und Inka. Wer es geheimnisvoll mag, sollte einmal einen Blick auf die Linien von Nasca werfen. Bis heute rätseln immer noch Wissenschaftler, wie und warum die riesigen Bilder in der Wüste entstanden sind. Manche behaupten, es wären Außerirdische gewesen ... Doch nicht nur Deutsche besuchen Lateinamerika, auch Deutschland ist bei vielen Lateinamerikanern als Reiseziel sehr beliebt.
Stellt eine Reiseroute mit zehn Stationen in Lateinamerika zusammen.

Ananas, Mais, Tomaten – typische Früchte, die bei uns auf den Tisch kommen. Doch ohne Entdeckung von Amerika wäre das nicht möglich. Viele Pflanzen, die in unseren Gärten wachsen, oder Früchte, die heute in jedem Supermarkt zu finden sind, stammen aus Lateinamerika. Manche exotische Obstsorten wie Papaya, Avocado, Mango oder Guave gibt es erst seit ein paar Jahrzehnten auch in Deutschland zu kaufen. Andere Früchte werden bei uns inzwischen angebaut und landen seit Jahrhunderten auf unserem Tisch. Oder hättest du vermutet, dass die Kartoffel aus Südamerika stammt? Der Kürbis und der Kakao waren ebenfalls ursprünglich dort beheimatet. Wer will denn schon auf Schokolade verzichten? Auch das gute Vanilleeis wäre ohne die Früchte einer Orchidee aus dem tropischen Regenwald nicht denkbar. Der Kautschukbaum, aus dem natürliches Gummi gewonnen wird, ist genauso wie das Tropenholz Rio Palisander ein wichtiger Rohstofflieferant aus dem Amazonasgebiet.
Findet weitere Pflanzen aus Lateinamerika, die es inzwischen bei uns gibt.

Fußball ist unser Leben ... Auch wenn viele deutsche Jungen diesem Satz sofort zustimmen würden, auf Lateinamerika trifft er noch viel stärker als in der restlichen Welt zu. Denn für viele Fußballtalente ist die Karriere als Topsportler die einzige Möglichkeit, der Armut in den Slums zu entkommen. Weltfußballer wie Pelé oder Ronaldo sind ihre großen Vorbilder.
Die Erfindung des Fußballspiels wird meist England zugeschrieben, allerdings gab es auch schon in China, in Griechenland sowie in Mittelamerika ähnliche Ballsportarten. Die heutigen Regeln sind aber in Europa entstanden und wurden erst später in Lateinamerika eingeführt. Trotzdem gilt Brasilien mit fünf Weltmeistertiteln als erfolgreichste Fußballnation.
Von dort stammt auch eine Sportart, die in den vergangenen Jahrzehnten in Deutschland immer mehr Anhänger gefunden hat: Capoeira. Dies ist eine Mischung aus Tanz und Kampfsport.
Erstellt einen Steckbrief zu Capoeira. Gibt es einen Verein in eurer Nähe?

... mehr Verbindungen, als man denkt!

Wo wart ihr zuletzt beim Essen? In der Pizzeria? Im Gasthaus nebenan? Oder vielleicht doch beim Mexikaner? Die lateinamerikanische Küche hat auch bei uns Einzug gehalten.
Wie wäre es mit einem leckeren Burrito zum Mitnehmen oder bevorzugt ihr Tortillas? Das sind die dünnen Weizenfladen, in die man selbst hineinpackt, was einem schmeckt. Mittlerweile kann man sogar in manchem Fast-Food-Lokal den Burger mit Jalapeños oder scharfer Chilisoße bestellen. Auch im Kino gibt es statt Popcorn schon Nachos mit scharfer Salsa. Wer auf zarte Steaks steht, schwört dagegen auf argentinisches Rindfleisch. Sehr viel davon gibt es beim Churrasco. Bei der originalen Servierweise wird das gegrillte Fleisch an Spießen bis zu den Tellern getragen und man kann sich ein Stück abschneiden lassen.
Aber auch Teigwaren wie gefüllte Empanadas oder Quesadillas sind sehr lecker.
Findet Rezepte für drei lateinamerikanische Gerichte.

Escola Corcovado – nach der großen Christusstatue, die über der deutschen Schule in Rio de Janeiro thront, ist diese benannt. Hier drücken deutsche Kinder, deren Eltern sich beruflich in Brasilien aufhalten oder die ausgewandert sind, neben brasilianischen Kindern die Schulbank.
Der Unterricht ist teils in deutscher, teils in portugiesischer Sprache, sodass man auf dem Pausenhof öfter einen Mischmasch aus beiden Sprachen hört. „Wir benutzen einfach das Wort, das uns zuerst einfällt oder besser gefällt. „Lixo" (sprich: lischo) ist doch schöner als das Wort „Abfalleimer", oder?"
Man kann sowohl einen brasilianischen Abschluss als auch das deutsche Abitur machen, damit man in beiden Ländern studieren kann. Natürlich werden auch Praktika und ein Schüleraustausch nach Deutschland angeboten. Denn die Partnerschaft und Begegnung der beiden Kulturen wird hier großgeschrieben.
Wo gibt es außerdem noch deutsche Schulen in Lateinamerika?

Shakira, Ricky Martin oder Juanes – sie alle stammen aus Lateinamerika und waren in den deutschen Charts bereits vertreten. Shakira hatte vor allem mit englischsprachigen Songs Erfolg, der Kolumbianer Juanes in seiner Muttersprache. Der Durchbruch gelang ihm mit dem Titel „La Camisa Negra". Wer härtere Musik mag, kann die Songs der brasilianischen Metal-Band Sepultura hören. Auch einige Musikrichtungen hatten ihren Ursprung in Lateinamerika: So entstand der Reggae in Jamaika. Charakteristisch ist der Offbeat und die entspannte, lockere Atmosphäre, die jeder mit Strand, Meer und Palmen verbindet. Der bedeutendste Reggaemusiker ist Bob Marley. Der Latin Rock wurde durch den Mexikaner Carlos Santana begründet. Diese Mischung aus Blues, Rock und lateinamerikanischen Rhythmen findet auch großen Anklang.
Erstellt einen Steckbrief zu einem der Künstler.

Paso Doble, Rumba oder Cha-Cha-Cha – diese Tänze sind drei der sogenannten „lateinamerikanischen Turniertänze". Neben den Standardtänzen wie Walzer gehören sie zum professionellen Tanzsport. Wie der Name sagt, stammen sie ursprünglich aus Lateinamerika. Vor allem die Vermischung afrikanischer, indianischer und europäischer Kulturen hat zu dieser Vielfalt geführt. Auch Tango (Argentinien), Samba (Brasilien) oder Salsa (Kuba) finden in Europa großen Anklang. Der Mambo wurde durch den Film „Dirty Dancing" in Deutschland populär. Jeder wollte so tanzen können und Jugendliche wie Erwachsene rannten den Tanzschulen die Türen ein. Genauso „in" war für kurze Zeit der Lambada, der in einem Musikclip der Band Kaoma gezeigt wurde. Am Cocos-Strand in Brasilien gedreht, versetzte er jeden in die passende Urlaubsstimmung.
Erstellt einen Steckbrief zu einem der Tänze.

AUFGABE >>>

Erstellt eine Kurzpräsentation zu einem der Texte auf der Doppelseite.

Auf der Suche nach dem Schatz des Quetzal

Der sagenumwobene Schatz des Quetzal, des heiligen Vogels der Maya, kann nur gefunden werden, wenn du den Namen der Gottheit herausfindest, die das Gold beschützt. Folge den Spuren des Quetzal und gehe den Hinweisen nach, die jeweils einen besonderen Ort beschreiben. Auf der Karte findest du die richtigen, aber auch falsche Stationen! Wenn du die fett gedruckten Buchstaben in der passenden Reihenfolge aneinander reihst, erhältst du das Lösungswort.

Quetzal: bunter Vogel, der in den Nebelwäldern Mittelamerikas beheimatet ist.

Maya-Malerei

Die Festung Tulum (Mexiko)

Suche nach den Ruinen der Aztekenstadt Tenochtitlan, dann wirst du diese Metropole finden. Vor allem in den Sommermonaten musst du dich hier vor dem Smog und den hohen Ozonwerten schützen …

An der Mündung des Rio de la Plata liegt deine nächste Station. In den reichen Wohnvierteln findest du auch gute Einkaufsmöglichkeiten und Freizeiteinrichtungen …

Am südlichsten Punkt des Kontinents musst du vorsichtig sein. Die Strömungen und Winde, die durch das Aufeinandertreffen von Atlantik und Pazifik entstehen, haben schon manches Schiff in Seenot geraten lassen …

Mitten in Amazonien liegt diese Millionenstadt. Durch die Ausbeutung der Schätze des tropischen Regenwaldes wurde sie so reich, dass das Dach der Oper sogar mit Gold belegt wurde …

Wenn du diese Stadt erreichst, dann wandelst du auf den Spuren der Inka. Viele Landbewohner werden auch heute noch von ihr angezogen, landen dann jedoch meist in den dunklen Armenvierteln …

Die Heimatstadt von Reggae und Lässigkeit ist deine nächste Station. An den weißen Sandstränden mit Blick auf das türkisblaue Meer kannst du deine Energien für den letzten Teil der Reise wieder aufladen …

Eine kurze Fahrt mit dem Schiff und du erreichst diese Stadt. Lange war sie der Regierungssitz der spanischen Kolonialmacht für die „Neue Welt". Wenn du einen Blick ins Inland wirfst, triffst du überall auf Zuckerrohrplantagen …

Wenn du diese Traumstadt erreicht hast, kannst du den weltberühmten Karneval mitfeiern oder faul an der Copacabana liegen. Leider triffst du auch hier auf viele Straßenkinder, die deine Hilfe brauchen …

3 Südasien

Einkaufsstraße in Delhi (Indien)

Einreise in den Kulturraum Südasien

Die Erdkundestudenten Katja und Thomas aus Regensburg planen in ihren Ferien eine außergewöhnliche Reise: Die beiden wollen gemeinsam den Kulturraum Südasien erkunden.

Nach nächtelangen Diskussionen einigen sich Katja und Thomas schließlich auf einen Reiseplan. Das Ergebnis haben sie folgendermaßen zusammengefasst:

68.1 Orientierungskarte Südasien

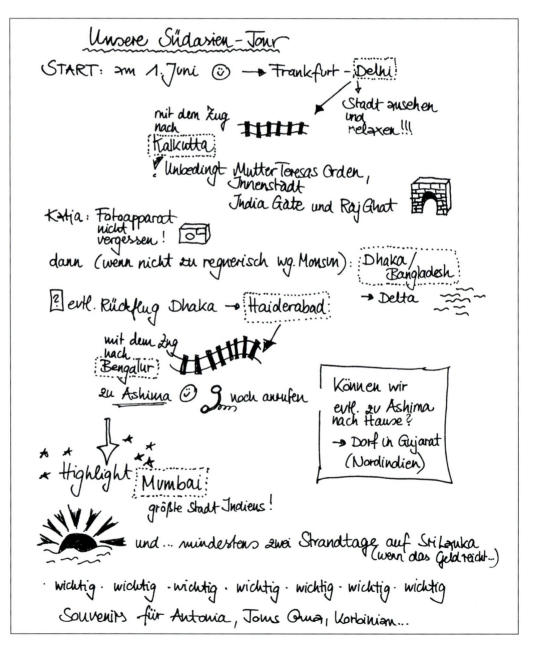

68.2

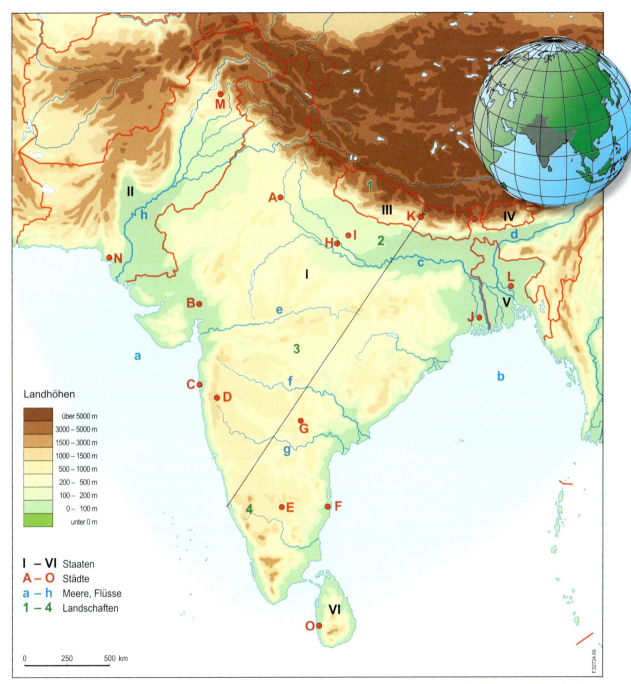

69.1 Stumme Karte Südasien

AUFGABEN >>

1. Skizziere eine Karte von Südasien (Abb. 69.1 oder Atlas) in dein Heft und trage anschließend die Reiseroute von Katja und Thomas ein.
2. Notiere dir, welche Länder Südasiens die beiden auf ihrer Reise kennen lernen und welche nicht.
3. Erstelle ein Profil von Mangalore nach Kathmandu und trage an den passenden Stellen die jeweiligen Großlandschaften ein.
4. Bestimme mithilfe des Atlas die Staaten, Städte, Gewässer, Gebirge und Landschaften der stummen Karte (Abb. 69.1).

70.1 Folgen der Bevölkerungsexplosion in Indien

Bevölkerungsexplosion in Indien

So wie auf Abb. 70.1 war die Situation während Katjas und Thomas' Zugfahrt von Delhi nach Kalkutta nicht, doch in beiden Städten hatten sie das Gefühl, von Menschenmengen regelrecht „überrannt" zu werden. Wie ist zu erklären, dass Indien in den letzten Jahrzehnten eine wahre Bevölkerungsexplosion erlebt hat?

Im Jahr 2010 lebten in Indien rund 1,2 Milliarden Menschen (= 17 % der Weltbevölkerung), die durchschnittliche Bevölkerungsdichte lag bei 350 Einwohner pro km² (Deutschland: 230 Ew./km²). Die Bevölkerung konzentriert sich allerdings vor allem auf die fruchtbare Gangesebene und die großen Städte (Abb. 71.3). Jährlich vermehrt sich die Bevölkerung Indiens um 15 Millionen, was einem Wachstum von 1,4 % pro Jahr entspricht.

Im Jahr seiner Unabhängigkeit (1947) hatte Indien 340 Mio. Einwohner. Die jährliche Wachstumsrate der Bevölkerung lag damals bei 1,3 %. Trotz eines Programms zur Familienplanung stieg in den folgenden Jahren die Wachstumsrate Indiens stark an: Aufgrund medizinischer und hygienischer Verbesserungen sank die Sterberate, die Zahl der Geburten blieb jedoch unverändert hoch. So betrug Anfang der 1960er-Jahre das Bevölkerungswachstum bereits 2,3 %. Bis Ende der 1970er-Jahre hatte sich die Bevölkerungszahl auf über 700 Mio. verdoppelt. Damit lebten in Indien bereits mehr Menschen als in Europa (Abb. 70.3).

AUFGABEN >>

1. Erkläre, warum die Bevölkerungszahl in Indien gerade in den letzten Jahrzehnten so stark angestiegen ist.
2. Setzt die Größe und Einwohnerzahl von Indien bzw. Europa zueinander in Bezug und vergleicht anschließend (Abb. 70.2 und 3). Was fällt auf?

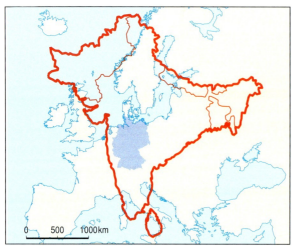

70.2 Größenvergleich Indien – Europa

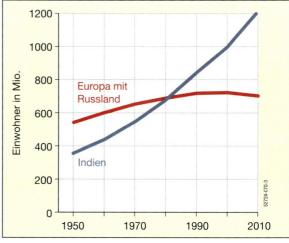

70.3 Bevölkerungsentwicklung Indiens und Europas

Lösung durch Familienplanung?

Seit Einführung der **Familienplanung** wurden in Indien über 100 000 Familienberatungsstellen eingerichtet. Es wurden rund 200 Millionen Schwangerschaften verhindert, auf Plakatwänden und in Zeitungen wurde die Zwei-Kinder-Familie idealisiert (Abb. 71.2). Trotzdem brachten die Anstrengungen zur Senkung des Bevölkerungswachstums in Indien keinen durchschlagenden Erfolg.

Das größte Hindernis bei der Senkung der Geburtenrate liegt in den traditionellen Verhaltensweisen. So wird eine Frau erst dann respektiert, wenn sie einen männlichen Erben geboren hat. Söhne sorgen für die Altersversorgung, ihnen wird das Land weitervererbt, sie bringen die Mitgift der Frau und eine billige Arbeitskraft ins Haus. Oft müssen dann die vielen Kinder mithelfen, die Familie zu ernähren (> S. 73).

Erfahrungen zeigen, dass Frauen, die sich bilden, mehr über Verhütungsmethoden wissen. Meist heiraten sie auch später, wodurch sich die Zeit verkürzt, in der sie Kinder bekommen. Daher gibt es einen starken Zusammenhang zwischen Analphabetismus und hoher Kinderzahl. Die Zahl gebildeter, wirtschaftlich unabhängiger Frauen, die sich gegen die Traditionen stellen, wächst stetig an, besonders in den Städten. Auf dem Land allerdings bleibt die Geburtenrate unverändert hoch.

71.2 Werbung für die Zwei-Kind-Familie in einem indischen Dorf

71.1

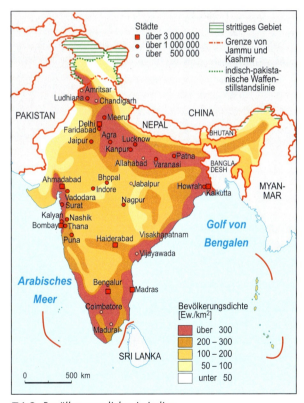

71.3 Bevölkerungsdichte in Indien

AUFGABEN >>

1. Nenne Lösungen vonseiten des Staates und vonseiten der einzelnen Frau gegen die Bevölkerungsexplosion.
2. Betrachtet die Karikatur (Abb. 71.1) und überlegt euch mögliche Antworten auf die Frage des Reporters.
3. Beschreibe die Bevölkerungsverteilung in Indien (Abb. 71.3). Kläre mithilfe des Atlas, welche Zusammenhänge es zwischen der Bevölkerungsdichte und den natürlichen Voraussetzungen (z. B. Klima, Höhenlage) gibt.

72.1 Orientierungskarte Südasien

Kinderarbeit in Südasien

Zeigt die Zeichnung eine Straße in Kalkutta? Oder in Dakka? Es könnte aber auch ein Straßenzug in einer Stadt in Pakistan oder in Sri Lanka sein. Eines ist allen südasiatischen Ländern gemeinsam: Auf ihren Straßen sieht man zu allen Tageszeiten Kinder in jedem Alter. Ganz selbstverständlich mischen sie sich in das geschäftige Treiben, tragen schwere Waren oder ziehen Rikschas – sie gehen nicht zur Schule, sondern müssen hart arbeiten. Wer einen genaueren Blick auf die Lebensumstände dieser Kinder wirft, kann Schicksale wie diese erfahren:

Müll sammeln, um zu überleben
Batiba, 9 Jahre, aus Mumbai (Indien): *„Ich bin Müllsammlerin. In Mumbai gibt es rund 100 000 davon. Mit Harke und Plastiksack klettere ich jeden Morgen auf den riesigen Müllberg. Alle zehn Minuten kippen dort Lastwagen das ab, was andere Menschen nicht mehr brauchen. Jede Fuhre wird von uns sofort durchwühlt. Ich sammle schnell alles Brauchbare ein, um es an Zwischenhändler zu verkaufen. Wenn es gut läuft, kann ich davon einen Tag leben."*

Fußball – nicht nur ein Spiel
Lani, 12 Jahre, aus Sialkot (Pakistan): *„Häufig tun mir vom Nähen Rücken und Fingergelenke weh. Meine Knie sind oft wund, weil ich den Ball zwischen die Knie klemmen muss. Ich habe manchmal Blasen an den Händen und Kopfschmerzen. Meistens nähe ich neun, oft aber auch elf Stunden lang am Stück. Aber wir sind arm und können nur so überleben. Ich würde gerne eine Schule besuchen, doch das ist teuer."*

Steinige Kindheit
Achyutai, 14 Jahre, aus Rangpur (Bangladesch): *„Ich arbeite seit fünf Jahren im Steinbruch. Da ich schon älter bin, ist mein Platz am Presslufthammer. Der ist unheimlich laut. Oft kann ich nicht mehr, wenn der Staub meine Augen verklebt und es nachmittags heiß wie im Backofen wird. Mein Husten geht gar nicht mehr weg."*

Kinderarbeit und Armut – ein Teufelskreis

In Südasien arbeitet nach Schätzungen der Internationalen Arbeitsorganisation (IAO) jedes fünfte Kind zwischen fünf und vierzehn Jahren – allein in Indien 50 Millionen Kinder. Sie arbeiten nicht nur als Müllsammler wie Batiba, im Steinbruch wie Achyutai oder in der Sportartikel-Industrie wie Lani. Auch in der Landwirtschaft und in der Bekleidungsindustrie sind sie tätig. Kinderarbeit ist in Indien eigentlich seit 1938 verboten. Die Regierung hat sogar Arbeitsinspektoren eingesetzt, um Fälle von unerlaubter Kinderarbeit in den Betrieben aufzudecken. Aber oft sind diese Inspektoren bestechlich und melden die Fälle nicht weiter.

Zudem sind die Familien häufig auf den Verdienst der Kinder angewiesen. Viele Minderjährige müssen arbeiten, da ihre Eltern nicht genug zu ihrem Lebensunterhalt verdienen oder weil sie verschuldet sind. Die Kinder können daher auch keine Schule besuchen oder Ausbildung abschließen. Dies führt letztlich dazu, dass ganze Generationen von Familien aus dem Teufelskreis der Armut nicht herauskommen.

Viele arbeitende Minderjährige können daher auf ihre Arbeitstelle nicht verzichten. Sie wünschen sich jedoch mehr Schutz, klarere Rechte und „kindgerechte" Arbeitszeiten. Denn so besteht noch die Möglichkeit, nebenbei zu lernen oder eine Berufsausbildung zu machen.

Was kann gegen die Kinderarbeit unternommen werden?

Für die Straßenkinder von Mumbai wurde das Projekt „Shelterhome" (Schutzhaus), das von „terre des hommes" unterstützt wird, ins Leben gerufen. In diesem Haus haben Kinder die Möglichkeit zu übernachten, zu kochen und sich zu waschen. Auch können sie in Kursen Lesen und Rechnen lernen. Das ist für sie ein Schritt in ein besseres Leben.

Organisationen wie „Brot für die Welt", „Misereor" oder „terre des hommes" bemühen sich seit vielen Jahren zum Beispiel die Lebensverhältnisse der „Teppichkinder" zu verbessern.

Das Warenzeichen „Rugmark" weist Teppiche aus, die ohne Kinderarbeit geknüpft wurden. Dabei zahlt der deutsche Importeur 1 % des Preises an die UNICEF-Indien (UNICEF = Kinderhilfsorganisation der Vereinten Nationen). Dieses Geld wird zum Beispiel zur Finanzierung von Schulen und Lehrkräften verwendet.

Durch den Kauf eines Teppichs mit Rugmark-Siegel (englisch: rug = Teppich) können die Verbraucher einen Beitrag zur Bekämpfung der verbotenen Kinderarbeit leisten. Teppichhersteller und Exporteure müssen  eine rechtsverbindliche Erklärung unterzeichnen, in der sie versichern, dass sie die folgenden Kriterien erfüllen:
- keine Beschäftigung von Kindern unter 14 Jahren
- Zahlung des gesetzlichen Mindestlohns
- Kontrolle durch das Rugmark-Büro
- Akzeptieren unangekündigter Kontrollen zu jeder Zeit

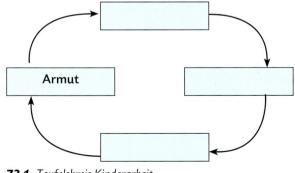

73.1 Teufelskreis Kinderarbeit

AUFGABEN >>

1. Gib an, in welchen Bereichen und unter welchen Bedingungen Kinder in Südasien arbeiten müssen.
2. Nenne Gründe dafür, dass trotz des Verbots die Kinderarbeit auch heute noch in Indien geduldet wird.
3. Auch in Deutschland arbeiten Schüler und Schülerinnen. Vergleiche deren Motive mit jenen von Kindern in Südasien.
4. Zeichne das Schema 73.1 ab und fülle nach dem Lesen des Textes die Kästchen sinnvoll aus. Die Pfeile bedeuten jeweils: „hat zur Folge".

74.1 Während der Trockenzeit in Indien

Der Monsun prägt das Leben in Südasien

Sorgenvoll blickt Konish in Dakka, in der Hauptstadt von Bangladesch, zum Himmel. Doch keine einzige Regenwolke ist zu sehen. *„Schon seit Monaten dauert die Hitzewelle an! Bereits 600 Menschen sind bisher an der Hitze gestorben. Hoffentlich gibt es bald wieder Regen!"*, klagt Konish.
Der Regen, den er erwartet, ist die wichtigste Begleiterscheinung des **Monsuns**. Jedes Jahr zwischen Mai und September zieht der Monsun nach monatelanger Dürre über große Teile Asiens. Die Menschen warten sehnsüchtig auf dieses halbjährlich wechselnde Windsystem, denn ohne Regen reift keine Ernte. Gleichzeitig verfluchen die Menschen den Monsun jedoch auch: Er kann sich um Wochen verspäten und er kann bestimmte Gebiete aussparen oder sie mit Wassermassen überschütten.

74.2 Warten auf den Monsun

„Zum Glück ist die Temperatur bei uns in Dakka bereits von durchschnittlich 40 °C auf rund 20 °C gesunken," erzählt Konish. Er weiß, dass diese große Temperaturabnahme ein erster Vorbote des Monsunregens ist.

Wie entstehen der Sommer- und der Wintermonsun?

Der Sommer- oder Südwestmonsun, der den großen Regen bringt, wird durch die unterschiedliche Erwärmung von Land und Meer im Laufe der Jahreszeiten verursacht. Im März steht die Sonne senkrecht über dem Äquator, also im Zenit. Während der folgenden Monate wandert der Zenitalstand nach Norden, bis er im Juni den nördlichen Wendekreis erreicht. Die Sonne erhitzt somit die riesige asiatische Landfläche und die heiße trockene Luft steigt auf. Dadurch bilden sich am Boden Tiefdruckgebiete.
Um einen Druckausgleich zu erreichen, werden die Winde des Südostpassats durch die Erdrotation in nordöstliche Richtung abgelenkt und wehen als Südwestwinde bis zum Himalaya. Da sie jedoch über dem Indischen Ozean viel Feuchtigkeit aufgenommen haben, entstehen beim Aufsteigen der Luft an den Gebirgen der Westküste Indiens, den Westghats, ergiebige Stauregen. Erst im Hochland von Dekkan lassen die Niederschlagsmengen nach.
Im Nordosten entstehen nochmals große Stauregen am Südfuß des Himalaya. Diese Niederschläge ermöglichen ertragreiche Ernten und die ausreichende Wasserversorgung für Millionen Menschen.
Hier, am Rande des Hochgebirges, liegt übrigens auch Tscherrapundschi, die Stadt mit dem Regen-Weltrekord: In einem Jahr fielen dort 26 500 mm Niederschlag!

Doch Konish kennt nicht nur diese positive Seite des Monsuns: „*Alljährlich kommt es bei uns durch den Monsunregen zu solch großen Überschwemmungen, dass dadurch auch viele Menschen sterben. Außerdem rutschen immer wieder ganze Hänge ab und begraben Dörfer unter sich. Lebenswichtige Straßenverbindungen werden durch die Wassermassen unterspült und sind damit nicht mehr befahrbar. Aber ich weiß ja, dass nach dieser Regenzeit auch wieder eine Trockenzeit kommt!*"

Diese trockene Zeit entsteht durch den Wintermonsun. Die Winterwinde kommen nun aus dem Nordosten und bringen kalte trockene Luft ins Land. Darum regnet es von Oktober bis Januar in Südasien kaum. Es kommt infolgedessen auch wieder zu Dürreperioden und Hitzewellen. Bis schließlich der sehnsüchtig erwartete Monsunregen wieder einsetzt.

75.1 Nach dem Monsunregen

AUFGABEN >>

1. Erkläre, weshalb der Monsun von den Indern geliebt und gefürchtet wird.
2. Stelle in einer Tabelle Unterschiede von Sommer- und Wintermonsun dar.
3. Erläutere in eigenen Worten die Entstehung des Sommer- und Wintermonsun.
4. Vergleiche die Klimadiagramme von München und Dakka hinsichtlich der Niederschlagsmengen und des Jahresverlaufs der Niederschläge.

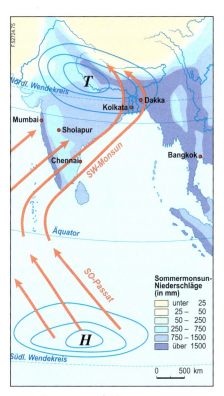
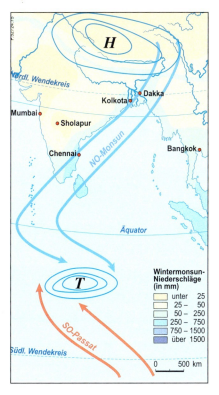

75.2 Sommer- und Wintermonsun

75.3 Klimadiagramme

Indien lebt auf dem Land

Wie bedeutsam der Monsun vor allem für die Bauern Indiens ist, erkennen Katja und Tom auf der Bahnfahrt von Haiderabad nach Bengalur. Bei einem Zwischenstopp erfahren sie im Gespräch mit anderen Wartenden vom Selbstmord eines Bauern im Nachbardorf. Natürlich interessiert die beiden der Grund dafür, zumal die Passagiere behaupten, dass daran die indische Regierung und deren sogenannte „Grüne Revolution" schuld seien.

Indien ist ländlich geprägt

Bauer Ramesh ist nur einer der 400 000 Bauern, die sich in den letzten fünf Jahren das Leben nahmen. Diese Selbstmorde sind das Resultat von Schulden durch die steigenden Produktionskosten sowie die fallenden Preise für Agrarprodukte in Indien. Trotz des IT-Booms (> S. 78) ist Indien immer noch ein Agrarstaat, denn zwei Drittel der Bevölkerung verdienen ihr Brot in der Landwirtschaft. Das bedeutet, dass durchschnittlich jeder vierte Bauer weltweit Inder ist und rund 70 % der indischen Bevölkerung in den etwa 650 000 Dörfern des Landes leben.

Doch die Versorgung mit Nahrungsmitteln ist nicht immer gesichert und es kann zu Hungersnöten kommen. Trifft nämlich der Sommermonsun nicht rechtzeitig ein, dann vertrocknen die Ernten. Bringt er aber zu viel Regen, dann werden die Ernten durch die Überschwemmungen vernichtet (> S. 74).

Trotz der begrenzten landwirtschaftlichen Nutzfläche (Abb. 76.1) und der Abhängigkeit vom Monsun konnte die Nahrungsmittelproduktion Indiens in den letzten 40 Jahren deutlich gesteigert werden. Nachdem die Nahrungsmittelproduktion im Jahr etwa um 3 % wächst, die Bevölkerung aber nur um etwa 1,6 %, kann Indien sogar beispielsweise Getreide exportieren. Im eigenen Land aber hungern sehr viele Menschen, weil sie zu arm sind, um sich genügend Weizen oder Reis zu kaufen. Es sind die Landarbeiter und Tagelöhner, die vom Wohlwollen der Großgrundbesitzer abhängen sowie die Kleinbauern, die in kleinen Privatbetrieben nur geringe Erträge erwirtschaften. Grund dafür ist das fehlende Kapital für hochwertiges Saatgut und Düngemittel. Bauer Ramesh nahm dafür sogar einen Kredit auf, den er allerdings wegen der geringen Ernten nicht zurückzahlen konnte. Somit sah er keinen anderen Ausweg mehr als den Tod. Doch er hinterlässt eine Frau und zwei Kinder, die nun ihrerseits nicht wissen, wie es weitergehen soll.

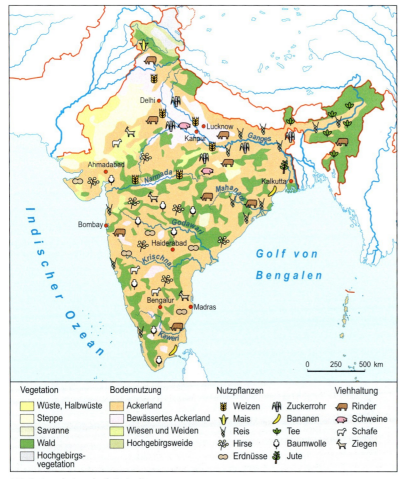

76.1 Landwirtschaft in Indien

AUFGABEN >>

1. Der Anbau landwirtschaftlicher Produkte ist nicht gleichmäßig verteilt. Erkläre, warum (Abb. 76.1 und Klimakarte im Atlas).
2. Warum bezeichnet man Indien als Agrarstaat?
3. Nenne Gründe, die Ramesh zu seinem Selbstmord veranlassten.

77.1 Bauer beim Pflügen eines Feldes

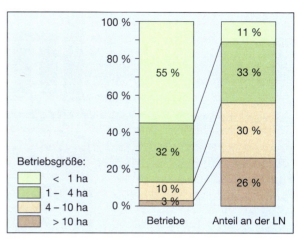

77.2 Landverteilung in Indien (LN = landwirtschaftliche Fläche)

Die „Grüne Revolution" – ein möglicher Ausweg?

Die Ausrottung des Hungers und die Verbesserung der Lebensqualität der Landbevölkerung waren Kernziele der **Grünen Revolution**. Tatsächlich brachte das in den 1960er-Jahren gestartete Modernisierungsprogramm Erfolge: Durch den Einsatz neuer, schnell wachsender Hochertragssorten (Weizen, Reis), durch Bewässerung sowie durch die Verwendung von Dünge- und Schädlingsbekämpfungsmitteln gelang es, auf gleicher Anbaufläche die Erträge deutlich zu steigern (Tab. 77.3).

Doch die moderne Agrartechnologie hat ihren Preis:
- Das Saatgut muss jedes Jahr neu gekauft werden.
- Für die Pflanzen ist der Einsatz von Mineraldünger und chemischem Pflanzenschutz lebensnotwendig.
- Moderne Maschinen für die Feld- und Erntearbeiten sind ebenso unverzichtbar wie teuer.
- Regionen mit schlechten Böden und ohne sichere Bewässerungsmöglichkeiten blieben von der Grünen Revolution ausgeschlossen, da sich ein Kapitaleinsatz hier nicht rentierte.

Mit der Zeit wurden folgende Nachteile offensichtlich:
- Nur wohlhabende Großbauern profitierten von dem Programm, da sie sich den finanziellen Aufwand leisten konnten und beim Staat kreditwürdig waren.
- Durch den erhöhten Maschineneinsatz wurden zahlreiche Landarbeiter arbeitslos.
- Auch bei Kleinbauern nahmen Armut und Unterbeschäftigung zu, weil die notwendigen technischen Innovationen zu teuer und aufwändig waren.
- Auf den Feldern der Großbauern wurde weniger Reis (Grundnahrungsmittel), dafür öfter das profitablere Zuckerrohr oder Baumwolle angebaut.
- Infolge der Bewässerung kam es zur Bodenversalzung, durch den hohen Einsatz von Pflanzenschutzmitteln zu Umweltschäden.

Ein weiteres Problem sind die enormen Überschüsse als Folge der Ertragssteigerungen. Diese wurden vom Staat eingelagert oder als Viehfutter ins Ausland verkauft. Denn die verarmte Landbevölkerung konnte sich zusätzliche, aber notwendige Nahrungsmittel nicht leisten.

	1965	1990	2008	Weltrang 2008
Reis	58,1	112,5	141,1	2
Weizen	12,1	49,7	74,9	2
Milch	ca. 10	26,8	102,9	1
Kartoffeln	4,7	14,8	25,0	3
Zucker	2,3	11,9	22,1	2
Baumwolle	0,9	1,7	5,4	2
Tee	0,4	0,7	0,9	2

77.3 Agrarproduktion in Indien (in Mio. t)

AUFGABEN >>

1. Welche Gründe gab es für die Einführung der „Grünen Revolution" in Indien?
2. Stelle in einer Tabelle die Erfolge und Probleme der „Grünen Revolution" gegenüber.
3. Stelle die Steigerung der Agrarproduktion in Indien mithilfe der Tab. 77.3 grafisch dar.
4. Beschreibe mit eigenen Worten die Aussage der Grafik 77.2.

78.1 Orientierungskarte

78.2 Zwischen Armut und Hightech

Shining India – die Softwareschmiede der Welt

Während der langen Zugfahrt über das weite indische Land machen sich Katja und Thomas im Reiseführer auch über ihr neues Ziel, die **Metropole** Bengalur (Bangalore), schlau:

„Bengalurs Stadtbild könnte kontrastreicher nicht sein: Vornehme Wohngegenden werden von Armenvierteln abgelöst – und inmitten von Slums ragen modernste Hochhäuser weltbekannter Hightech-Firmen in den Himmel.

Die mit sechs Millionen Einwohnern fünftgrößte Stadt Indiens gilt als indisches „Silicon Valley" und ist ein wirtschaftliches Aushängeschild des Landes. Seit den 1990er-Jahren haben sich von dort aus hoch spezialisierte Industriezweige wie die Biotechnologie und Raumfahrt entwickelt.

Vor allem in der IT-Branche, der Computer- und Informationstechnologie, ist Indien heute weltweit führend. Von hier aus werden Geschäfte in aller Welt gemacht. Die Hochschulabsolventen des Landes sind überall gefragt. Und wer in einem Callcenter einer global handelnden Firma anruft, landet oft – ohne es zu wissen – in Indien. Dabei ist ein Standortfaktor wichtig: In dem Land, das jahrzehntelang eine britische Kolonie war, ist Englisch Amts- und Verkehrssprache.

Nach wie vor gilt Bengalur als Zentrum des Hightech-Booms. Weitere bedeutende Industrie- und Dienstleistungsstandorte Indiens sind die Städte Haiderabad, Chennai (Madras) und Mumbai (Bombay). Mit seinen hervorragenden Universitäten und Forschungsinstituten zieht besonders Bengalur Wissenschaftler und Manager aus der ganzen Welt an. Auch kehren viele Einheimische wieder in ihre Heimat zurück, nachdem sie im Ausland (vor allem in den USA und Deutschland) Erfahrungen und Wissen gesammelt haben. So können sie ihr wertvolles Know-how gewinnbringend einsetzen.

Ein Blick in die koloniale Vergangenheit zeigt, dass die Stadt bereits im 19. Jahrhundert ein bedeutender Verwaltungsmittelpunkt der Briten war. Aufgrund seines angenehmen Klimas lockte es schon immer Bürger der Mittel- und Oberschicht an. Mit der Zeit entstanden so gepflegte Wohnsiedlungen am Rande der Stadt, die auch heute ein Magnet für betuchte Angestellte sind."

78.3 Obdachlose vor dem Gebäude eines Hightech-Parks in Bengalur

Schattenseiten von Shining India

Selbst wenn indische Parteien seit Jahren mit dem Slogan „Shining India" werben: Der Aufstieg hat auch seine Schattenseiten. So kann die Infrastruktur Bengalurs mit dem rasanten Wachstum nicht mithalten. Das Straßensystem der Stadt ist noch immer auf dem Stand der 1960er-Jahre, obwohl die Bevölkerung seitdem stark zugenommen hat. Die Folgen: Ständig gibt es Verkehrsstaus. Stromausfälle und Wasserknappheit sind an der Tagesordnung. Außerdem sind in Bengalur die Mietpreise inzwischen so stark gestiegen, dass sich sogar Menschen, die eine gut bezahlte Arbeit haben, kaum mehr die Mieten leisten können. Manche Firmen denken wegen der widrigen Umstände bereits an eine Abwanderung an günstigere Standorte.

Auch im sozialen Bereich ist der Fortschritt noch nicht überall angekommen. Nach wie vor hindert das Kastensystem einen Teil der Gesellschaft am beruflichen Aufstieg und Frauen haben noch immer eine untergeordnete Stellung (> S. 80). Damit geht die Arbeitskraft vieler Menschen unwiederbringlich verloren.

Nicht zuletzt kann man erkennen, dass sich nur ausgewählte Wirtschaftszweige in wenigen Zentren erfolgreich entwickelt haben. Der Großteil Indiens, vor allem die ländlich geprägten Landesteile, hat jedoch den Anschluss an die Weltwirtschaft verpasst. Ein Zahlenbeispiel macht dies deutlich: Die 54 Dollar-Milliardäre Indiens besitzen ein Fünftel des Volksvermögens. Mehr als 800 Millionen Inder, das sind 76 Prozent der Bevölkerung, leben hingegen von weniger als zwei Dollar am Tag – im Schatten von „Shining India".

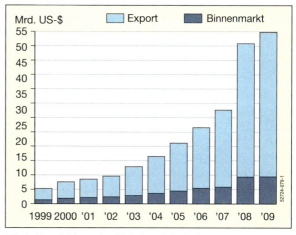

79.1 Entwicklung der IT-Industrie in Indien

79.2 Verkehrsstau in Bengalur

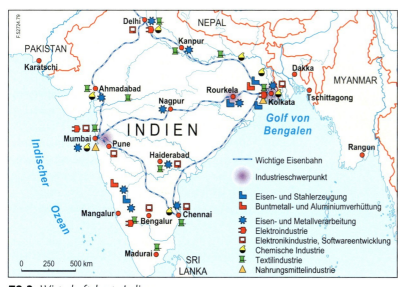

79.3 Wirtschaftskarte Indien

AUFGABEN >>

1. Nenne bedeutende Wirtschaftszweige Indiens (Abb. 79.3).
2. Beschreibe mithilfe der Abbildungen und des Textes die wirtschaftliche Entwicklung Indiens.
3. Welche Standortvorteile verhalfen Bengalur zu seiner herausragenden Stellung?
4. Stelle in einer Tabelle Vorteile und negative Folgen dieser Entwicklungen dar.
5. Recherchiere im Internet nach Weltmarktfirmen mit Sitz in Bengalur.

Frauen in Indien

Katja und Thomas sind müde, aber sicher, in Bengalur angekommen. Vor Ort treffen sie Ashima, eine Studentin, die hier im Technologiepark arbeitet. Sie hatte ein Jahr lang in Regensburg studiert, wo sie sich kennen lernten. Gemeinsam tauchen die beiden in Ashimas Welt ein und erkennen, dass sie ein ganz besonderes Leben führt.

80.1 Ashima

1949: „Frauen und Männer sind gleichberechtigt."

80.2 Eine indische Frau auf dem Land

1974: „Frauen haben das Recht auf eine 48-Stunden-Woche, Mutterschutz und bezahlten Jahresurlaub."

Ashima

Die junge Elektroingenieurin hat in Bengalur und Regensburg studiert und arbeitet bei der Software-Firma Hewlett Packard. Damit gehört sie allerdings zur Minderheit der indischen Frauen. Bis heute ist es so, dass Frauen in der Gesellschaft weniger wert sind als Männer. Mit ihrer Verheiratung verlassen oft noch minderjährige Mädchen ihre Familien und sind von da an das Eigentum ihres Ehemannes. Bei der Hochzeit muss der Braut eine hohe Mitgift mitgegeben werden. Diese kann bis zu 25 000 Euro und mehr betragen. Das jährliche Durchschnittseinkommen in Indien betrug 2008 nur 800 Euro pro Kopf. Deshalb können sich das viele Familien nicht leisten, sodass Mädchen oft als Last empfunden werden.

Aus diesem Grund werden Mädchen beispielsweise medizinisch schlechter versorgt als ihre Brüder. Auch töten viele Eltern ihre Mädchen nach der Geburt oder lassen weibliche Föten abtreiben. Über 80 Prozent der in Indien abgetriebenen Kinder sind Mädchen.

Der Mitgiftzwang ist bereits seit 1961 gesetzlich verboten – dennoch ist dies vor allem auf dem Land noch gängige Praxis. Eine schlimme Ausformung sind sogenannte Mitgiftmorde, von denen die indische Polizei jährlich rund 7000 zählt. Die geschätzte Dunkelziffer ist viermal so hoch. Bringt eine Braut zu wenig Geld oder Waren in die Ehe oder gebärt sie keinen Sohn, lebt sie in der Familie ihres Ehemannes gefährlich. Scheinbare Küchenunfälle, in denen Frauen tödlich verletzt werden, sind leider keine Seltenheit. Der Mann ist damit wieder frei für eine neue Vermählung.

Bei Ashima ist das anders. Sie stammt aus einem gebildeten Haus – ihre Eltern haben beide studiert und sie zur Schule und auf die Universität geschickt. So ist sie gebildet, finanziell unabhängig und frei in der Berufswahl. „Hätten meine Eltern mein Studium nicht bezahlen können, wäre ich nicht so frei, wie ich es heute bin. Dafür bin ich dankbar!", erklärt sie ihren Freunden.

Nur wenige Frauen in Indien verfügen über eine abgeschlossene Ausbildung. Mädchen werden oft nicht zur Schule geschickt, da sie dazu bestimmt sind, später Haus und Hof zu bestellen. Warum also Lesen und Schreiben lernen? Neben den häuslichen Tätigkeiten leisten sie oft schwere körperliche Arbeit im Straßenbau oder als

Die Gewerkschaft SEWA (Self Employed Women's Association) zählt rund 700 000 Mitglieder. Über diese Organisation erhalten arbeitslose Frauen als Heimarbeiterinnen neue Jobs. SEWA sorgt für Kinderbetreuung, ausreichende Gesundheitsversorgung und menschenwürdige Arbeitsbedingungen der Frauen.

81.1 Die indische Frauenorganisation SEWA

Parayadhan: (Mädchen) etwas, was anderen gehört

Apana Dhan (Junge) er besitzt sich selbst

81.2

Handlanger in Fabriken. Vor allem in ländlichen Gegenden können sich Frauen kaum gegen die starren Traditionen wehren. Ihre eigenen Kinder erziehen sie aber häufig nach dem gleichen Muster, das ihnen auferlegt worden ist.

„Da würde ich lieber nicht heiraten, bevor ich so ein Leben führe", meint Katja. Das ist allerdings in Indien undenkbar. Noch heute sind alte Gesetzbücher tonangebend, in denen man lesen kann: „Frauen müssen Tag und Nacht von den männlichen Mitgliedern ihrer Familie in Abhängigkeit gehalten werden" oder „Eine Frau ist niemals zur Unabhängigkeit fähig". Selbst nach dem Tod ihres Ehemannes ist die indische Frau nicht frei, sondern wird gesellschaftlich geächtet. Nach überlieferter Sitte folgt die „ideale" Witwe ihrem Mann in den Tod. „Sati" nennt man die Witwenverbrennung, bei der Frauen bei lebendigem Leib dem Feuer übergeben werden. Auch dies ist seit 1829 verboten. Dennoch findet man immer wieder Meldungen von Witwenmorden.

„Der einzige Ausweg aus diesem Teufelskreis ist, für Bildung zu sorgen – bei den Frauen wie bei den Männern. Dann ergibt sich auch alles andere", ist Ashimas Meinung dazu. Deshalb hat sie sich der Frauengewerkschaft SEWA angeschlossen, die für die Gleichberechtigung der indischen Frauen kämpft.

Diese und andere Aktionen bewirken immer mehr: Der Anteil an Frauen, die wie sie studieren und als Ärztinnen, Ingenieurinnen oder Lehrerinnen arbeiten, steigt. Es gibt schon einige Regionen, in denen viele dieser Ziele verwirklicht werden konnten.

81.3 Mitgift

1978: „Das Heiratsalter eines Mädchens darf nicht unter 18 Jahren liegen."

1961: „Das Gesetz verbietet jegliche Form des Mitgiftzwangs."

81.4 Bettelnde Witwe

1829: „Witwenverbrennungen sind verboten."

AUFGABEN >>

1. Beschreibe die Situation der Frau in der indischen Gesellschaft.
2. Betrachte die Fotos auf den Seiten 80/81. Inwieweit widersprechen sich Bilder und Gesetzestexte? Erläutere.
3. „Mädchen sind der Reichtum anderer Leute!" – Erkläre das indische Sprichwort anhand des Textes.
4. Erläutere die Bedeutungen der indischen Bezeichnungen für „Junge" und „Mädchen" (Abb. 81.2).
5. Erkläre die Aussage Ashimas, dass durch Bildung viele Probleme gelöst werden könnten.
6. Informiert euch über die Veränderungen der Frauenrolle in unserer Kultur. Fragt auch die Geschichts- und Religionslehrkraft.

Das Kastenwesen des Hinduismus

82.1 Pilotkarte

Für Katja und Thomas geht die Reise weiter: Von Bengalur, wo sie das „Shining India" kennen gelernt haben (> S. 78), fahren sie mit dem Zug weiter in die Millionenstadt Chennai (Madras), die im südlichsten Bundesstaat Indiens liegt.
Dieser heißt Tamil Nadu und ist wie viele andere indische Bundesstaaten sehr stark durch die Religion des Hinduismus geprägt (Abb. 82.2).

82.2 Religionen in Indien

Das Kastenwesen ist eng mit dem **Hinduismus** verbunden. Er kennt im Gegensatz zum Christentum keine festgelegten Glaubensregeln, kein heiliges Buch, kein geistliches Oberhaupt. Hindu wird man durch Geburt. Man wird in eine **Kaste** hineingeboren, der man dann bis zum Tod angehört.
„Casta" bedeutet Unvermischtes, Rasse und bezeichnet die unterschiedlichen sozialen Stände der indischen Gesellschaft. Nach der Lehre der altindischen Religion sind die Kasten vom Schöpfergott Brahma geschaffen. Ihr oberster Grundsatz lautet: Die Menschen sind ungleich geboren, also können sie auch nicht gleichgestellt werden.
Die Kastenordnung bestimmt zum Beispiel, was der Einzelne essen, mit wem er im Bekanntenkreis verkehren, wo er wohnen, welchen Beruf er ausüben oder wen er heiraten darf.
Insgesamt gibt es vier Kasten (Abb. 83.4). Darunter gibt es noch eine außerhalb des Kastenwesens stehende Gruppe, die Harijans, die früher Parias (= „Unberührbare") genannt wurden. Diesen Menschen sind die „unreinen" Berufe zugewiesen, wie Schlachter oder Straßenkehrer. Rechtlos leben sie am Rande der Dörfer, in Slums oder auf der Straße. Sie dürfen bestimmte Brunnen nicht nutzen und gelten als „unrein" im religiösen Sinn. Blicke, Berührungen, ja sogar der Schatten eines Kastenlosen, kann andere Menschen verunreinigen.
1949 wurde das Kastensystem offiziell abgeschafft. In den folgenden Jahrzehnten versuchte die indische Regierung zudem, durch Quotenregelungen, Kastenlosen oder Angehörigen niederer Kasten zu helfen: So ist eine bestimmte Anzahl (bis zu 50 %) von Ausbildungs- und Arbeitsplätzen im öffentlichen Dienst sowie Parlamentssitzen diesen Gruppen vorbehalten. Auch durch die Globalisierung und die Verstädterung löst sich diese starre Gesellschaftsordnung zunehmend auf. Dennoch bestimmt das Kastenwesen insbesondere im ländlichen Raum nach wie vor das soziale Leben in Indien.

Wissenswertes zum Hinduismus

Die Hindus glauben, dass die Seele nie stirbt, sondern von Leben zu Leben wandert. Ob man als Mensch, Tier, Armer oder Reicher wiedergeboren wird, hängt davon ab, wie man in seinem vorigen Leben seine Pflichten erfüllt hat.
Einmal in seinem Leben soll ein Hindu ein Bad im heiligen Fluss Ganges nehmen. Stirbt ein Hindu, so wird er verbrannt und seine Asche dem Ganges übergeben.
Der Hinduismus ist keine einheitliche Religion, er lässt den Glauben an einen Gott oder auch mehrere Götter zu. So gibt es beispielsweise den Gott Krishna, der – so sagt man – mit Kühen in einer Hirtenfamilie aufwuchs. Daher verehrt man noch heute die Kuh als heiliges Wesen.

83.1 Wohngebiet unterer Kasten

83.2 Wohngebiet von Brahmanen

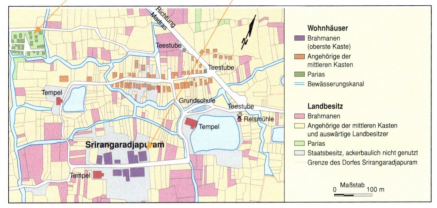
83.3 Plan eines indischen Dorfes

Während Dukhis Vater aß, wiederholte er für seine Frau alles, was er an diesem Tag erfahren hatte. „Der Kuh des Pandit [Brahmane] geht es nicht gut. Er will sie verkaufen, bevor sie stirbt."
„Wer bekommt sie, wenn sie stirbt? Bist du schon dran?" „Nein, Bhola ist dran. Aber dort, wo er gearbeitet hat, hat man ihm Diebstahl vorgeworfen. Selbst wenn der Pandit ihm den Kadaver überlässt, wird er meine Hilfe brauchen – sie haben ihm heute die Finger der linken Hand abgehackt."
„Bhola hat Glück", sagte Dukhis Mutter. „Letztes Jahr hat Chagan seine Hand am Handgelenk verloren. Gleicher Grund."
Dukhis Vater fuhr fort: „Dosu wurde ausgepeitscht, weil er zu nah an den Brunnen gekommen ist. Er lernt es nie."
„Isst du nichts?" fragte er seine Frau. „Es ist mein Fastentag." In ihrem Code bedeutete das, dass es nicht genug Essen für beide gab.

(aus: Rohinton Mistry: Das Gleichgewicht der Welt. Frankfurt am Main 1999, S. 141)

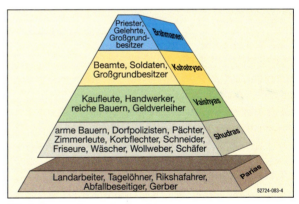
83.4 Rangordnung der Berufskasten

AUFGABEN >>

1. Beschreibe anhand der Abb. 82.2 die regionale Verteilung der Religionsgemeinschaften in Indien.
2. Erkläre, was man unter einer Kaste versteht.
3. Das Kastensystem spiegelt sich im indischen Dorf wieder. Belege diese Aussage mit Abb. 83.3.
4. Nenne mögliche Auswirkungen des Kastensystems für den einzelnen Menschen, die Dorfgemeinschaft und den Staat.

84.1 Versorgungsleitung im Slum Dharavi

Mumbai – Indiens größte Metropole

Als Highlight der Reise besuchen Katja und Thomas Indiens bevölkerungsreichste Stadt: Mumbai. Sie informieren sich im Reiseführer:
„Wer Mumbai besichtigen möchte, muss sich unbedingt mehrere Tage Zeit nehmen. Die Metropole wartet mit allem auf, was eine Stadt an Gegensätzen nur bieten kann. Hier liegen die Blechhütten der Slums neben den Hochhäusern der Finanzzentren, hier leben Filmstars neben Bettlern und Börsenmakler neben Müllsammlern. Mumbai ist nicht nur die größte Stadt Indiens, hier befindet sich auch Asiens größter Slum: Dharavi. Man schätzt, dass dort rund eine Million Menschen leben. Insgesamt bevölkern 10 Millionen Menschen die 2500 Elendsviertel Mumbais.
Blickt man von oben auf Dharavi, sieht man ein Meer aus Wellblechdächern, durchbrochen von riesigen frei verlaufenden Rohren, denen die Bewohner illegal Wasser abzapfen. Unbefestigte Gassen verwandeln sich bei Monsunregen zu Schlammlöchern. Kinder nutzen den Regen, um sich zu duschen, denn in ihrem Zuhause gibt es weder Zu- noch Abwasser.
Trotz des allgegenwärtigen Elends haben sich hier viele Menschen eine bescheidene, aber sichere Existenz aufgebaut, denn in Dharavi blühen Handwerk und Handel. So wird beispielsweise ein Großteil des Brotes, das in Mumbai verkauft wird, in diesem Slum gebacken.
Manche Menschen leben hier schon in dritter Generation. Ob sie aber bleiben können, ist ungewiss. Denn Dharavi soll Hochhäusern der Oberschicht weichen. Der Grund: Das Viertel liegt inzwischen mitten im Finanzdistrikt Bandra Kurla (Abb. 85.1). Dieser soll erweitert werden – und dazu wird die Fläche des Armutsviertels dringend benötigt. Somit kostet heute der Grund unter einer armseligen Behausung von 20 Quadratmetern satte 22 000 Euro. Die Bewohner sollen für die Aufgabe ihrer Hütte entschädigt werden. Sie erhalten einen entsprechenden Wohnraum in neu erbauten Hochhäusern. Jedoch: Auf fließendes Wasser müssen sie auch dort weiterhin verzichten."

Namensgeschichte Mumbais
16. Jh.: Portugiesische Seefahrer geben dem Dorf den Namen „Bom Bahia – Gute Bucht". Das Dorf wächst zu einer Handelsstadt heran.
17. Jh.: Die Briten erobern die Stadt und nennen sie von nun an „Bombay".
1995: Die Stadt wird nach der Hindu-Göttin Mumbadevi in Mumbai umbenannt.

Metropolregionen Indiens (Einwohner in Mio. 2009)

Mumbai (Bombay)	21,3
Delhi	18,6
Kolkata (Kalkutta)	15,4
Chennai (Madras)	7,3
Bangalore (Bengalur)	6,5
Haiderabad	6,3
Ahmedabad	5,3
Pune (Puna)	5,3
Zum Vergleich:	
Berlin	3,4
Deutschland	81,9

Hochhäuser verdrängen die Slums

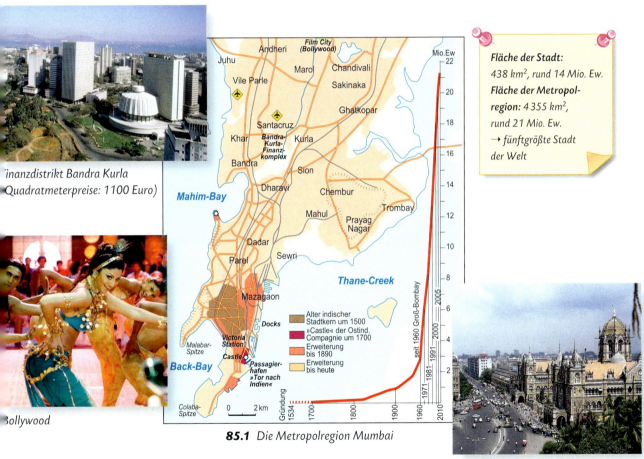

Finanzdistrikt Bandra Kurla
(Quadratmeterpreise: 1100 Euro)

Bollywood

Fläche der Stadt:
438 km², rund 14 Mio. Ew.
Fläche der Metropolregion: 4355 km²,
rund 21 Mio. Ew.
→ *fünftgrößte Stadt der Welt*

85.1 Die Metropolregion Mumbai

Altstadt: Victoria Station

AUFGABEN >>

1. Beschreibe Abb. 84.1 genau. Finde einen passenden Titel. Überlege, ob ein vergleichbares Bild auch in Deutschland aufgenommen werden könnte.
2. Addiere die Einwohnerzahlen der acht größten Metropolregionen Indiens und vergleiche die erreichte Bevölkerungszahl mit der Deutschlands. Was fällt dir auf?
3. Erstelle eine Tabelle, in der du Gründe für und gegen den Abriss des Slums Dharavi sammelst. Wie würdest du entscheiden?
4. Erkläre mithilfe des Buchtextes und einer geeigneten Atlasseite, inwieweit Mumbai dem früheren Namen „Bombay – gute Bucht" gerecht wird. Was spricht gegen diese Bezeichnung?

Faszination Himalaya und Karakorum

86.1 Der sechsthöchste Berg der Welt, der 8 188 m hohe Cho Oyu

Die Himalaya-Karakorum-Hilfe e.V.:
Der Verein hilft Menschen, die in den Bergen des Himalaya und Karakorum ein Leben am Existenzminimum führen. Vor allem die 400 000 Einwohner zählende Region Baltistan wird unterstützt. Viele Dörfer liegen hier am äußersten Rand der Siedlungsgrenze. Sie profitieren nicht von technischen Neuerungen und können vom Staat Pakistan nicht angemessen wirtschaftlich versorgt werden. Auch politisch finden diese Menschen, von denen nur wenige lesen und schreiben können, kaum Gehör. Nach dem Prinzip der Hilfe zur Selbsthilfe organisiert der Verein gemeinsam mit den Einheimischen Projekte, z. B. die Verlegung von Wasser- und Stromleitungen oder die Einrichtung von Schulen.

86.2 Die Baltis machen als einheimische Träger Expeditionen in die Gebirgswelt erst möglich.

Ein Interview mit Extrembergsteiger Alexander Huber

Du stammst aus Berchtesgaden. Ist dir die Leidenschaft für die Berge in die Wiege gelegt?
Mein Bruder und ich haben bergbegeisterte Eltern, die uns schon in früher Kindheit in die Berge mitnahmen. Mein erster Viertausender war dabei das Schlüsselerlebnis. Als kleiner Junge auf einem dieser großen Gipfel zu stehen, das war ein unvorstellbares Abenteuer.

Als Extrembergsteiger gehst du häufig gefährliche Routen. Hattest du jemals Angst in den Bergen?
Angst gehört zum Bergsteigen, da sie aufzeigt, dass Vorsicht geboten ist. Sie ist ein wichtiger Bestandteil des Überlebens, weil man dadurch konzentrierter zu Werke geht. Das Schlimmste sind verdeckte Gefahren, zum Beispiel Lawinen. Man muss als Bergsteiger das nötige Wissen über mögliche Gefahren mitbringen. Erst dann kann man auf die vorhandene Gefahr angemessen reagieren. Die Situation darf nicht durch Fahrlässigkeit außer Kontrolle geraten.

Warum setzt du dich solch extremen Gefahren aus?
Ohne dieses Risiko einzugehen, habe ich keine Chance, in die Nähe des Rekords zu kommen. Wenn man nicht Vollgas gibt, kann man nicht gewinnen. Dazu gehören aber eine gesunde Selbsteinschätzung und Selbstvertrauen. Man muss spüren, was man sich zutrauen kann, damit man nervenstark und konzentriert klettern kann. Das braucht viel Erfahrung.

... und viele Trainingseinheiten!
Ich bin jeden Tag draußen. Ich fahre Mountainbike und gehe Skitouren, um meine Kondition zu stärken, oder ich klettere.

87.1 Alex Huber klettert im senkrechten Granit des Nameless Tower auf 6 000 m Höhe.

87.2 Der 7 108 m hohe Latok II und seine 2 000 m hohe, steile Westwand

Wie in jedem anderen Profisport ist der Bergsport ein Vollzeitberuf für mich.

Auch in Südasien hast du verschiedene Touren gemacht. Welche Gipfel hast du dort erklommen?
Ich war auf dem Cho Oyu in der Mount Everest-Region, mit 8 188 m der sechsthöchste Berg der Welt. Im Karakorum gelang mir mit meinem Bruder die Westwand am 7 108 Meter hohen Latok II und der Nameless Tower (6 251 m), der größte weltweit freistehende Felsturm.

Klappt jedes eurer Vorhaben?
Nein. Wenn man auf so hohem Niveau klettert, muss alles passen: das Wetter, die Bedingungen am Berg, die Schnee- oder Eismenge. Die Berge sind oft nur an wenigen Tagen im Jahr besteigbar. Sich Ziele am Limit zu setzen, heißt auch, hie und da umkehren zu müssen.

Was unterscheidet den Himalaya von anderen Gebirgen?
Die Dimensionen. Es ist mit Abstand das größte Gebirge der Welt. Nirgendwo sonst gibt es derartige Höhen und Höhenunterschiede.

Wie verändern sich die klimatischen Bedingungen in diesen Höhen?
Die Höhe macht sich vor allem durch das geringe Sauerstoffangebot bemerkbar, da der Luftdruck zunehmend abnimmt. Der Sauerstoffgehalt der Luft kann nur noch schwer in die Körperzellen eindringen. So bekommt man weniger Luft und verliert an Kraft. Man muss sich in Basislagern sehr langsam akklimatisieren, um nicht höhenkrank zu werden. Für die großen Höhen von 8 000 Metern braucht der Körper allerdings Wochen für eine ausreichende Akklimatisation.

Inwiefern kommt man als Spitzensportler mit der Kultur vor Ort in Berührung?
Da der Himalaya nicht voll erschlossen ist, sind wir auf die Hilfe der Träger angewiesen. In Bergdörfern verbringt man oft mehrere Wochen mit den Einheimischen. So gewinnt man einen tiefen Einblick in die Gesellschaft der Menschen. Man wird auf Feste eingeladen und tauscht sich aus. Andere Kulturen kennen zu lernen, ist für mich einer der schönsten Bestandteile des Bergsteigens.

Spätestens seit eurem Kinofilm „Am Limit" seid ihr als „Huberbuam" sehr bekannt. Inwieweit ist die Öffentlichkeit für eure Tätigkeit wichtig?
Ich habe bereits mein Studium mit Vorträgen über meine Reisen finanziert. Mit der Zeit wurden diese professioneller. Heute lebe ich hauptsächlich von den Vorträgen, gebe aber auch Interviews und mache Werbung. Ich mag es, die Menschen mit Erzählungen zu begeistern.

AUFGABEN >>

1. Informiere dich auf der Internetseite www.himalaya-karakorum-hilfe.com über das Projekt, an dem auch Alexander Huber teilnimmt.
2. Welche Gefahren des Berges nennt der Bergsteiger? Finde weitere.
3. Die Bilder oben zeigen verschiedene Gipfel, die Alexander Huber schon bestiegen hat. Finde mithilfe des Atlas weitere Achttausender.

Traumfabrik Bollywood

Wie versprochen, schreibt Thomas seinem besten Freund eine kurze E-Mail aus Mumbai, um ihm von seinen Erlebnissen zu berichten.

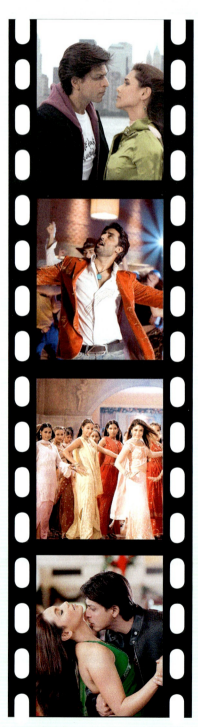

Hi Ferdinand,
na, wie geht es dir? Immer fleißig an der Uni? Katja und mir geht es bestens – wir haben schon satte 2000 Kilometer auf dem Rücken und sind seit ein paar Tagen in Mumbai; von dort kann ich dir endlich schreiben. Gestern waren wir in einem typischen Hindifilm: „Kabhi Alvida Naa Kehna" – drei Stunden lang Herz und Schmerz wie in einer überdimensionalen Daily Soap – natürlich ist es mal wieder darum gegangen, dass zwei Liebende nicht zusammenkommen können. Alles habe ich in dem englischsprachigen Film nicht genau verstanden, jedenfalls ist er gut ausgegangen.
Und es wurde kein einziges Klischee ausgespart! Mindestens zehn Songs und unzählige Tanzszenen kamen vor. Die Zuschauer haben gejubelt und mitgesungen und die Helden ausgebuht, wenn eine Szene nicht nach ihren Vorstellungen lief. Und stell dir vor, das Ganze wurde in den Schweizer Bergen, den USA und in Malaysia gedreht – wie aufwändig! Ein bisschen kitschig fand ich es schon. Katja war natürlich begeistert... Mit dem wirklichen Indien haben diese Filme aber wenig zu tun. Krank oder kastenlos war keine der Hauptpersonen... Vielleicht tut es den Menschen einfach gut, für ein paar Stunden so zu tun, als wäre das Leben in Indien so sorglos wie im Film. Das würde jedenfalls erklären, warum die Kinogänger Eintrittspreise von umgerechnet 3 Euro bezahlen, was ungefähr einem durchschnittlichen Tageslohn entspricht.
Ich schicke dir mal den Link auf eine interessante Seite: http://www.bollywood.de. Da kannst du die Kinomusik anhören – die läuft hier überall rauf und runter. Dort habe ich übrigens auch gelesen, dass täglich rund 14 Millionen Menschen die insgesamt 18000 Kinos des Landes besuchen. Die indische Filmindustrie produziert jährlich etwa 900 Kinofilme. 2008 waren es mit 1091 Filmen doppelt so viele wie in den USA.
So. Jetzt muss ich Schluss machen. Katja drängelt schon, denn wir müssen gleich am Flughafen einchecken!
Servus
Thomas

AUFGABEN >>

1. Erkläre den Namen „Bollywood".
2. Beschreibe typische Merkmale des Hindifilms.
3. Erläutere die große Bedeutung des Kinos für das indische Publikum.

Rätselseite Südasien

Am Flughafen von Delhi stapeln sich die unterschiedlichsten Gepäckstücke. Damit diese auch wirklich ins Flugzeug gelangen, musst du die jeweiligen Rätsel mithilfe deines Wissens über Südasien lösen. Die Rätsel-Aufgaben findest du auf Kofferanhängern.

Suche unter den Begriffen jeweils den, der nicht zu Südasien gehört. Arbeite mit dem Atlas. Begründe, warum du den gewählten Begriff ausgeschlossen hast.

a) Hochland von Dekkan – Westghats – Hochland von Tibet – Ostghats
b) Godavari – Jangtsekiang – Ganges – Krishna
c) Varanasi – Bangalore – Delhi – Mumbai
d) Bangladesch – Pakistan – Nepal – Afghanistan

S	Z	F	C	G	I	K	K	W	U	J	Q	T	O
V	A	N	H	I	L	L	U	L	A	D	X	I	T
N	O	I	G	E	R	L	O	P	O	R	T	E	M
Z	N	C	E	L	J	K	W	U	B	A	G	B	U
K	D	N	O	S	L	U	M	P	M	M	I	R	M
O	Z	E	F	P	E	S	A	U	U	H	T	A	B
L	T	M	L	E	I	I	E	E	M	O	A	R	A
Y	R	D	O	O	W	Y	L	L	O	B	R	E	I
E	W	L	N	X	S	L	E	O	N	I	A	D	P
G	I	T	D	I	L	O	N	L	I	N	N	N	E
Q	O	P	B	N	A	T	D	I	N	L	I	I	O
R	I	C	H	L	U	N	G	L	U	I	L	K	I

Finde in „Suchsel" sieben Begriffe, die du im Laufe der Reise mit Katja und Thomas kennen gelernt hast. Schreibe die Begriffe in dein Heft.

Was steckt hinter den Begriffen a–d ? Die Buchstaben hinter den richtigen Antworten ergeben ein Lösungswort, das für Indien charakteristisch ist.

a) Mithilfe der „Grünen Revolution" ...
    ...wurde die Landwirtschaft Indiens modernisiert.   HI
    ... erreichten die Frauen in Indien Gleichberechtigung.   VA
    ... endete die britische Kolonialherrschaft über Indien.   BR
b) Bengalur ist bekannt für ...
    ...seine zahlreiche historische Sehenswürdigkeiten   RAN
    ... seine hohe Anzahl an High-Tech-Unternehmen.   NDU
    ... seine schöne Lage am Ganges.   AHM
c) In Indien wächst die Bevölkerung jährlich um ...
    ... 17 Millionen.   NUS
    ... 15 Millionen.   ISM
    ... 10 Millionen.   MOP
d) Der Monsun entsteht durch ...
    ... die Drehung der Erde.   IN
    ... ungünstige Windverhältnisse in Australien.   UR
    ... die unterschiedliche Erwärmung von Land und Meer.   US

Chinesische Mauer

4 Ost- und Südostasien

Gegensätze in der Millionenstadt Shenzhen

Der Fujisan, der höchste Berg Japans

Containerumschlag in Singapur

Ost- und Südostasien im Überblick

Ostasien

Der Kulturraum Ostasien wird flächenmäßig von der Volksrepublik China, dem viertgrößten Land der Erde, dominiert. Dieses „Reich der Mitte" – so heißt der chinesische Eigenname ins Deutsche übersetzt – hat eine lange Geschichte, die über 5 000 Jahre in die Vergangenheit zurückreicht.

Damit gehört die chinesische Zivilisation zu den ältesten Hochkulturen der Menschheit. Einige Zeugnisse dieser Kultur sind bis heute weltberühmt. Dazu gehört beispielsweise die Herstellung von Porzellan, das im 6. Jahrhundert in China erfunden wurde, oder die Chinesische Mauer (> Abb. S. 90). Sie gilt als größtes Bauwerk der Erde und führt, mit einigen Unterbrechungen, über 8 000 Kilometer von der Küste ins Landesinnere. Die chinesischen Herrscher wollten sich mit ihr vor Überfällen aus dem Norden schützen.

Die chinesische Medizin, die auf jahrhundertelanger Erfahrung in der Naturheilkunst beruht, findet auch bei uns immer mehr Anhänger. Ein besonderer Ausdruck der Kultur ist auch die chinesische Schrift. Sie fußt nicht auf Buchstaben, sondern auf Schriftzeichen. Ein Chinese muss ungefähr 5 000 unterschiedliche Schriftzeichen kennen, um alle zeitgemäßen Texte lesen zu können. Bei alten Texten sind es sogar noch mehr.

Die chinesische Kultur hatte auch großen Einfluss auf die nördlichen und östlichen Nachbarstaaten (vor allem, was die Schrift angeht). Deshalb werden auch die Länder Mongolei, Nord- und Südkorea, Taiwan und Japan zum Kulturraum Ostasien gezählt.

92.2 Die Tempelanlage „Angkor Wat" im Dschungel Kambodschas gilt als die größte der Welt.

Südostasien

Südlich davon grenzt das Gebiet an, das als Südostasien bezeichnet wird. Es handelt sich dabei um eine große Halbinsel, die auch „Hinterindien" genannt wird. An seiner Südspitze findet sich eine geografische Besonderheit: Singapur, ein Staat, der aus einer einzigen Stadt besteht. Singapur ist damit der kleinste Staat Südostasiens, dafür aber das Land mit der zweithöchsten Bevölkerungsdichte weltweit.

Darüber hinaus besteht Südostasien aus einer Vielzahl von Inseln, die weit verstreut zwischen Asien und Australien liegen. Sie sind – ebenso wie die japanischen Inseln – fast ausnahmslos vulkanischen Ursprungs. Auch heute noch werden sie regelmäßig von Vulkanausbrüchen und Erdbeben heimgesucht. Aufgrund der Erdbebengefährdung haben die Menschen in Ost- und Südostasien besonders gute Kenntnisse im Erdbebenschutz erworben. Inzwischen wagt man sich sogar an den Bau von Wolkenkratzern mit über hundert Stockwerken auf sehr gefährdetem Untergrund.

AUFGABEN >>

1. *Grenze mithilfe des Textes und einer Atlaskarte die Räume Ost- und Südostasien voneinander ab.*
2. *Bestimme mithilfe des Atlas die in der Karte eingetragenen Staaten (I-XVI), Städte (A-I), Flüsse (a-d) und Meere (e-h).*

92.1 Entwicklung der chinesischen Schrift vom Bild über frühe Formen zu den heutigen Zeichen

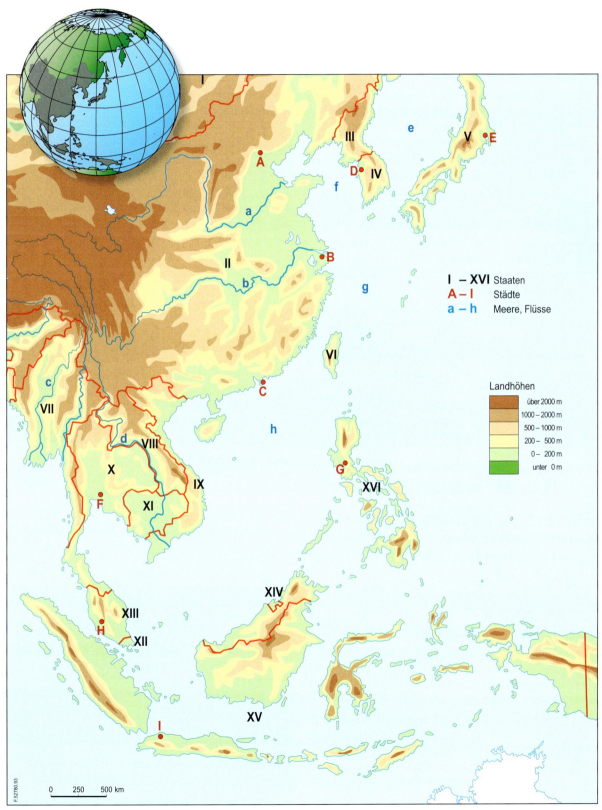

93.1 Stumme Karte von Ost- und Südostasien

Im Reich der Mitte

Lage und Größe

Die Volksrepublik China umfasst eine Fläche von 9,6 Millionen km². Damit ist China fast so groß wie der gesamte Erdteil Europa.
Chinas Ost-West-Ausdehnung misst etwa 5 200 km, das heißt, der westlichste Ort Chinas ist von Deutschland ähnlich weit entfernt wie von Chinas Ostküste. In Nord-Süd-Richtung beträgt die Ausdehnung Chinas rund 4 200 km. Die nördlichste Grenze liegt auf etwa 54° nördlicher Breite (wie Schleswig-Holstein), die südlichste Grenze liegt ungefähr auf der Breitenlage der Wüste Sahara (nördlicher Wendekreis).

94.1 *In der Wüste Gobi*

Der Naturraum

Wie du aus dem Profil (Abb. 95.4) entnehmen kannst, fällt das Land von den Hochländern und Gebirgen im Westen in drei Stufen bis zum Meer im Osten ab.
Die oberste Stufe bildet das Hochland von Tibet, die höchstgelegene Ebene der Erde. Tibet wird deshalb auch „Dach der Welt" genannt. Hier im Himalaya befindet sich mit dem Mount Everest (8 848 m) der höchste Berg der Erde (> S. 86). Nördlich davon liegt die menschenleere Wüste Gobi, die extrem trocken ist. Im Osten schließt sich die mittlere Stufe an. Es ist das Lössbergland mit 1 000 bis 2 000 Meter hoch gelegenen, baumlosen Ebenen.
Die niedrigste Stufe besteht aus dem Tiefland mit Ebenen im Norden und aus den Bergländern im Süden, die so fruchtbar sind, dass die Reisbauern bis zu vier Ernten im Jahr einfahren können.

94.2 *Im Hochland von Tibet*

Probleme der Landwirtschaft

Da die 1,3 Mrd. Chinesen rund 22 % der Weltbevölkerung ausmachen, sind riesige landwirtschaftliche Nutzflächen nötig, um die Bevölkerung ausreichend zu ernähren. Die Fläche Chinas wäre dazu groß genug, doch bietet sie nur 7 % der weltweiten Anbaufläche. Denn der gesamte Westen des Landes kommt als Ackerland nicht in Frage: Dort ist es zum einen wegen der Höhenlage zu kalt, zum anderen versorgt der Sommermonsun die im Norden gelegenen Wüsten, Halbwüsten und Steppen nur unzureichend mit Niederschlägen.

94.3 *Im südchinesischen Bergland*

95.1 Im nordchinesischen Tiefland

Für die Landwirtschaft nutzbar sind in erster Linie die nördlichen Tiefebenen, Teile des Lössberglandes, einzelne Bereiche des Südchinesischen Berglandes sowie die Beckenlandschaften am Jangtsekiang. Hier haben sich auf dem **Löss** fruchtbare Böden gebildet.

Gerade in der Nähe großer Städte fallen üppig blühende Gemüsegärten mit intensiv bearbeiteten Beeten auf. Doch selbst hier schwanken die Erträge Jahr für Jahr wegen der klimatischen Extreme sehr stark. Aufgrund des Bevölkerungswachstums muss jedoch die Nahrungsmittelproduktion in China weiter gesteigert werden. Man arbeitet verstärkt mit Bewässerung, Düngung und Pflanzenschutz. Dies hat jedoch zur Folge, dass die Böden versalzen. Durch die Abholzung von Bergwäldern nimmt die **Bodenerosion** zu. Außerdem werden durch die rasante Ausweitung von Industrieanlagen mehr und mehr Böden mit Schwermetallen vergiftet.

95.2 Im Lössbergland

95.3 Flächenverteilung in China

AUFGABEN >>

1. Beschreibe mithilfe des Profils (Abb. 95.4) die Oberflächenformen Chinas von Osten nach Westen.
2. Erläutere folgende Aussage: „China – viel Land, wenig Lebensraum." Nutze dazu auch Abb. 95.3.
3. Nenne Gründe, warum sich in China 90 % der Bevölkerung auf nur 30 % der Landesfläche konzentrieren.

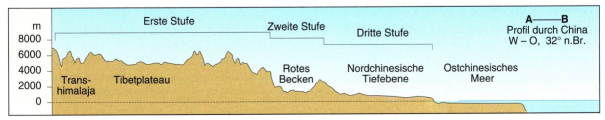

95.4 Profil durch China

96.1 Turnschuhproduktion in China

China – Werkbank der Weltwirtschaft

„Made in China" – dieses Herkunftszeichen findest du heute mehr denn je auf den unterschiedlichsten Gebrauchsgegenständen, die dich umgeben. Sei es Spielzeug, Bekleidung oder Unterhaltungselektronik, inzwischen stammt der größte Teil dieser Waren aus dem Reich der Mitte. Wer aber glaubt, mit dem Kauf deutscher oder amerikanischer Markenprodukte Waren aus westlichen Produktionsstätten zu bekommen, der täuscht sich: Heute stammt beispielsweise jede zweite Digitalkamera und jedes dritte Handy aus China. Rund 80 % der weltweit verkauften DVD-Spieler und 70 % des Spielzeugs werden dort hergestellt. Deine Schuhe stammen statistisch gesehen ebenfalls zu 50 % aus China, auch wenn dir zum Beispiel drei Streifen vorgaukeln, es handele sich um einen deutschen Markenturnschuh.

Chinas „Erfolgs"-Geschichte

Bis zur Mitte des 20. Jahrhunderts war China von großen Ungleichheiten gekennzeichnet. Wenige Großgrundbesitzer verfügten über fast den gesamten Landbesitz. Der Großteil der Bevölkerung verharrte im Elend. Diese Verhältnisse führten zum gewaltsamen Umsturz. Die neuen Machthaber riefen die „Volksrepublik China" aus (1949). Nun sollte aller Besitz nicht mehr einzelnen, sondern allen Bürgern gehören. Die Fabrik- und Großgrundbesitzer, aber auch die kleinen Bauern, wurden enteignet. Das Land und die Produktionsstätten gehörten nun „dem Volk". Diese Gesellschaftsform nennt man Kommunismus. Führer der Kommunistischen Partei war Mao Zedong, der soziale Unterschiede beseitigen und die Güter gleichmäßig verteilen wollte. Das Leben wurde deshalb aber für die meisten Chinesen nicht leichter. Alle Macht war nun in die Hände der Kommunistischen Partei gelangt. Kritiker und Andersdenkende wurden mit gnadenloser Härte verfolgt und massenhaft umgebracht. Bis heute kontrolliert der Staat alle Bereiche des täglichen Lebens: Erziehung, Bildung, Wohnen, Versorgung mit Lebensmitteln und Industriegütern. Das Fernsehen und die Presse werden staatlich gelenkt und sogar das Internet unterliegt der Zensur. Ein Recht auf freie Meinungsäußerung besteht nicht. Während in vielen anderen Ländern die Kommunisten mittlerweile ihre Macht verloren, regiert in China nach wie vor die Kommunistische Partei.

Lange Jahre gab es unter ihrer Regierung kaum Fortschritte, China blieb ein Entwicklungsland. Dann aber öffnete man sich für die Zusammenarbeit mit Firmen aus dem kapitalistischen Ausland. Diese erhielten günstige Produktionsbedingungen (z. B. niedrige Löhne, kaum Umwelt- oder Arbeitsschutzauflagen) und investierten dafür viel Geld in China. Diese Kombination aus Diktatur und radikalem Kapitalismus ist ein Grund für die rasante wirtschaftliche Entwicklung Chinas.

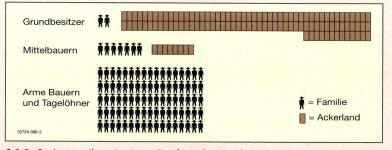

96.2 Besitzverteilung in einem Dorf vor der Revolution

96.3 Mao Zedong

Reiche Städte – arme Dörfer

Die chinesische Wirtschaft entwickelte sich in den vergangenen Jahren so rasant, dass dies immer noch für Verwunderung sorgt und die Angst vor der Macht des asiatischen Riesen schürt. Seit Jahren wächst Chinas Wirtschaft jährlich um rund 10%. Der Anteil Chinas am Welthandel betrug 2009 etwa 10%, während es zehn Jahre zuvor noch 3% waren.

Wie begründet sich dieser Erfolg? Zum einen spielt die jahrtausendealte Zivilisation der Chinesen eine wichtige Rolle. Dazu kommt ein schier unerschöpfliches Angebot von Arbeitskräften, die bereit sind,

97.1 Shanghai: Alte Häuser müssen Wolkenkratzern weichen.

auch unter ungünstigsten Bedingungen zu arbeiten. Niedrige Löhne und Arbeitszeiten von 14 Stunden pro Tag sind in China keine Seltenheit.

Außerdem sorgt die straffe Führung durch die Regierung dafür, dass große Projekte ohne große Widerstände durchführbar sind. Kritik wird unterdrückt, auf Einzelne kaum Rücksicht genommen.

An der Küste hat die Regierung sogenannte **Sonderwirtschaftszonen** eingerichtet, in denen ausländische Firmen besonders gute Bedingungen für die Produktion finden.

Diese Politik führt dazu, dass sich vor allem die Küstenregionen unglaublich verändern: Wolkenkratzer und Fabrikanlagen wachsen aus dem Boden. Der Platz dafür wird notfalls geschaffen, selbst malerische Altstadtviertel werden gnadenlos abgerissen. Die Städte wuchern geradezu und wachsen an den Rändern zusammen. Im Perlflussdelta, dem Großraum Hongkongs, ist aus mehreren Städten eine urbane Landschaft mit 50 Millionen Einwohnern entstanden. Man geht davon aus, dass bis zum Jahr 2020 etwa 60% der Chinesen (800 Millionen Menschen) in Städten leben werden.

Denn die Landflucht hält unvermindert an. Während für viele Städter ein Leben in Wohlstand möglich wurde, blieben die ländlichen Gebiete Chinas unterentwickelt. Noch immer leben 10% der Chinesen in bitterster Armut, viele davon auf dem Land. Wer jung ist und Arbeit sucht, zieht deshalb in die Stadt. Etwa 200 Millionen **Wanderarbeiter**, die auf dem Land beheimatet sind, versuchen in den Städten ihr Glück und nehmen jede Arbeit an, die sie bekommen können. Ihr Erspartes schicken sie nach Hause, um die Not dort ein bisschen zu lindern. Dabei leben sie selbst oft genug im Elend.

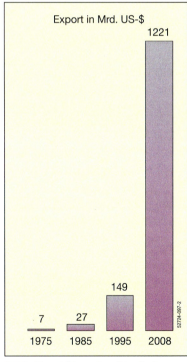

97.2 Entwicklung der chinesischen Exporte

AUFGABEN >>

1. Beschreibe die Verhältnisse, die in China zum Umsturz geführt haben.
2. Weshalb kann China im Vergleich zu Deutschland nicht als demokratischer Staat bezeichnet werden?
3. Beschreibe Chinas wirtschaftliche Entwicklung. Welche Gründe werden für diesen Erfolg genannt?
4. Welche Veränderungen sind in städtischen und ländlichen Gebieten Chinas feststellbar?

Unterschiedliche Lebensbedingungen in China

Frau Shu will eine Familie

In Hongkong haben selbst die Wohnhäuser 60 Stockwerke. Ein Appartement reiht sich an das andere. In den unteren Etagen sind Supermärkte und Restaurants, sogar Postämter und Kindergärten finden sich. „Vertikale Dörfer" nennen Architekten diese Bauten, in denen auch Shu Li lebt.

Die 24-Jährige wohnt seit zwei Jahren hier und fühlt sich wohl, selbst wenn sie sich mit 15 Quadratmetern begnügen muss. Sie hat ein Mobiltelefon und ein Fernsehgerät, doch die meisten Hochglanzprodukte, für die überall geworben wird, kann sie sich nicht leisten. Ihr kleiner Wohlstand ist hart erarbeitet. Sie arbeitet meist 70 Stunden pro Woche, bei einem Monatsverdienst von umgerechnet 700 Euro. Den Job als Facharbeiterin in einem IT-Betrieb zu verlieren, wäre für sie eine Katastrophe. Denn Hongkong gehört zu den teuersten Städten der Welt und Arbeitslosengeld wird hier nicht gezahlt.

Dennoch möchte Shu Li nicht woanders wohnen. „Wir Chinesen sind es gewohnt, eng aufeinander zu leben", beteuert sie. Dass das Zusammenleben in diesen Wohnsilos so gut funktioniert – meist gibt es nicht einmal Graffiti an den Wänden – führt sie darauf zurück, dass hier einfach nichts unbemerkt bleibt. „Außerdem leben wir nach den Grundsätzen des Konfuzianismus, der Achtung vor dem Staat und fremdem Eigentum gebietet und in dem die Familie das Wichtigste im Leben darstellt." Sehnlichster Wunsch von Frau Shu ist es daher, einmal ein Kind zu bekommen.

98.1 Frau Shu in ihrer Firma

Herr Luo stirbt

Luo Feng hatte keine Wahl. Um seine Familie zu ernähren, musste er Arbeit finden und so zog er nach Shenzhen, wo es in den zahllosen Fabriken immer Arbeit gibt. Er besaß keine Aufenthaltsgenehmigung und bekam deshalb auch keinen Arbeitsvertrag. Einen Job fand er aber trotzdem – allerdings zu äußerst schlechten Bedingungen.

So wie Herrn Luo ergeht es vielen Chinesen. Man schätzt, dass in den vergangenen Jahren 200 Millionen Wanderarbeiter aus den ländlichen Regionen in die Industriestädte gezogen sind. Weitgehend rechtlos schuften sie dort wie Sklaven für den Boom der anderen. Vom Wohlstand bekommen sie nämlich nichts ab. Sie arbeiten von 7 bis 22 Uhr, sieben Tage pro Woche. Im Monat haben sie einen Tag frei. Monatlich verdienen sie so rund 1 000 Yuan, etwa 100 Euro.

Herr Luo sägte dreizehn Jahre lang in einer Schmuckfabrik Steine zurecht, ohne Atemschutz. Er atmete Steinstaub ein, bis er krank wurde. Die Ärzte diagnostizierten zunächst eine Erkältung, später eine Staublunge. Daran wird er sterben. Die Behandlungskosten haben ihn ruiniert, schließlich ist er nicht krankenversichert. Seine Firma bestreitet, dass er je für sie gearbeitet hat. „In der Geschichte eines Landes muss immer eine Generation geopfert werden", sagt Herr Luo, „wir sind diese Generation."

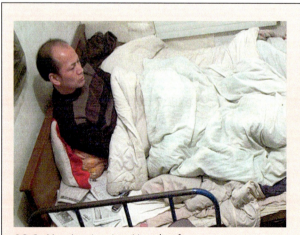

98.2 Herr Luo in seiner Unterkunft

Herr Tan liebt teure Uhren

In der Garage stehen Luxusautos, die Wohnungseinrichtung ist von einem Innenarchitekten gestaltet und mit modernster Technik versehen, die Kinder besuchen ein Elite-Internat. „Ich kann schon sagen, dass ich zu den Gewinnern des chinesischen Booms gehöre", sagt Tan Jian, ein 45-jähriger Unternehmer aus Peking, „das hat sich hier alles ganz wunderbar entwickelt. Ich finde den chinesischen Weg hervorragend." Herr Tan gehört zur schnell wachsenden Oberschicht in China, die über ein vergleichbares Einkommen wie europäische Manager verfügt. Und sie pflegen auch einen ähnlichen Lebensstil. Tans Frau Bao liebt es, in den edlen Boutiquen ihres Stadtviertels zu shoppen, ihr Mann gibt sein Geld gerne für teure Uhren aus. Auch Reisen nach Europa und Amerika haben sie bereits unternommen, natürlich erster Klasse.

„Sicher möchte ich weiter aufsteigen, zu den ganz großen gehöre ich noch nicht", sagt Tan mit Blick auf die schätzungsweise 360 000 Dollar-Millionäre, die es in China inzwischen gibt. „Aber immerhin habe ich mein Geld ehrlich verdient". Er spielt damit auf die weit verbreitete Korruption in seinem Land an. Viele hohe Partei-Funktionäre und Beamte haben sich ein Millionen-Vermögen durch Schmiergelder ergaunert und nutzen ihre Stellung, um in die eigene Tasche zu wirtschaften.

99.1 Herr Tan mit einem seiner Luxusautos

Frau Zhang ist wütend

„Die Menschen wachsen hier auf und gehen fort", sagt Zhang Bing. Die alte Frau sitzt vor einer armseligen Lehmhütte in einem Dorf namens Yangba, das abgelegen in der Provinz Guizhon, einer der ärmsten Regionen Chinas, liegt. Wer die Glitzerstädte an der Küste kennt, dem erscheint ein Ausflug in das Dorf wie eine Zeitreise ins 19. Jahrhundert: Es gibt keinen Strom, kein Telefon, keine Nachrichten. Frau Zhang ist eine der wenigen, die geblieben sind. Es leben überwiegend Alte und Kinder im Dorf, zurückgelassen von den Eltern, die als Wanderarbeiter in die Städte gingen. Man schätzt, dass 23 Millionen Kinder in Chinas ländlichen Gebieten ohne Eltern aufwachsen.

Frau Zhang war schon immer arm und kennt die futuristische Welt der Millionenstädte nicht. Dennoch fühlt sie sich von der Regierung betrogen. „Jeden Handgriff will man uns vorschreiben und doch wird für uns nichts besser. Sie tun alles, um die Städte aufblühen zu lassen und wir hier sind nur Menschen zweiter Klasse."

In der Tat ist das Überleben für einen Großteil der Landbevölkerung nur möglich, weil Familienmitglieder, die sich als Wanderarbeiter verdingen, Geld nach Hause schicken. 35 % der Chinesen müssen mit umgerechnet weniger als 1,50 Euro pro Tag auskommen. Viele Bauern können sich die Produkte, die sie anbauen, selbst nicht leisten.

99.2 Im Dorf von Frau Zhang

AUFGABEN >>

1. Beschreibe die Lebensbedingungen der vier Personen und stelle sie einander gegenüber.
2. Überlegt gemeinsam: Vor welche Probleme wird die chinesische Regierung durch die gegensätzlichen Lebensweisen der Menschen gestellt?

Entlang des Jangtse – Umweltprobleme in China

Der Jangtsekiang ist der längste Fluss Chinas. Aus Tibet kommend, durchströmt er auf einer Länge von 6 380 Kilometern das Land von West nach Ost, bevor er bei Shanghai in das Ostchinesische Meer mündet. Für die chinesische Identität ist dieser Fluss von besonderer Bedeutung. Denn viele geschichtliche Ereignisse haben sich an seinen Ufern abgespielt. Heute jedoch gibt der einstmals so stolze Fluss über weite Strecken ein jämmerliches Bild ab.
Eine Fahrt entlang des Jangtse ist auch eine Reise zu zahllosen Beispielen, wie zum Zwecke des Fortschritts Raubbau an der Natur betrieben wird.

100.1 Kohleförderung mit lebensgefährlichen Abbaumethoden

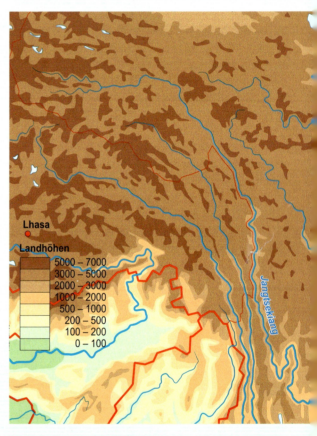

Luftverschmutzung

Die Hafenstadt Chongqing (Tschungking) am Jangtse hat mit starker Luftverschmutzung zu kämpfen. Wie in vielen anderen Regionen Chinas liegen auch in der Umgebung von Chongqing umfangreiche Kohlelagerstätten, die hier abgebaut und in Kohlekraftwerken zu Strom umgewandelt werden. Nirgendwo auf der Welt wird so viel Steinkohle verbrannt wie in China, jährlich fast 3 000 Mio. Tonnen (z.Vgl. Europa: 140 Mio. Tonnen). Ohne diesen billigen Strom wäre das wirtschaftliche Wachstum nicht möglich. Das Land deckt seinen Energiebedarf zu rund 70 % durch Kohle.
Diese Abhängigkeit von Kohle ist jedoch ein Riesenproblem. Viele Anlagen sind veraltet und ineffizient. In großen Mengen pusten sie Schadstoffe in die Atmosphäre. Schon heute ist die Volksrepublik der weltweit größte Emittent von Schwefeldioxid, bei Kohlenstoffdioxid liegt China noch auf Platz zwei hinter den USA.
Auch in den Kohlegruben herrschen untragbare Zustände. Chinas Bergwerke zählen zu den gefährlichsten der Welt. Nach offiziellen Angaben sterben jedes Jahr etwa 5 000 Bergleute bei Grubenunglücken.

Ausbreitung der Wüsten

Im hochgelegenen Gebiet der beiden Quellflüsse des Jangtsekiang leben die Menschen traditionell von der Viehzucht. Die Verschlechterung der Bodenqualität bedroht inzwischen jedoch ihre Existenz. Durch die Umwandlung von Weideflächen in Ackerland, Abbau von Bodenschätzen und großflächiger Abholzung stieg die Erosion stark an, die Wüsten breiten sich aus.
Jährlich verliert China fünf Milliarden Tonnen an Ackerboden. Das ist so viel, als würde man auf dem gesamten Staatsgebiet einen Zentimeter Boden entfernen.

Drei-Schluchten-Staudamm

Der Jangtsekiang ist ein Fluss mit ungeheurer Kraft. Pro Sekunde fließen 32 500 m³ Wasser durch ihn ab (Rhein: 2 330 m³ pro Sekunde). Er verursachte in der Vergangenheit immer wieder schwere Überschwemmungen, die nun durch den größten Staudamm der Welt, den „Drei-Schluchten-Damm", verhindert werden sollen: Dieser staut den Fluss zu einem 600 Kilometer langen See auf. Gleichzeitig soll durch den 100 Meter hohen Damm Strom produziert werden, den die chinesische Industrie dringend braucht. Das Aufstauen des Flusses führte jedoch zu ökologischen Schäden. Ein riesiges Gebiet wurde überflutet, der Lebensraum zahlreicher Tierarten und vieler Menschen ging verloren. Insgesamt wurden 1,4 Millionen Menschen gezwungen umzusiedeln. 13 Städte und 4 500 kleinere Orte – und mit ihnen Müll und Giftstoffe – versanken in dem neuen See.

Für viele Fischarten ist der Eingriff in das Abflussverhalten lebensbedrohlich, weil sie nicht mehr zu ihren Laichplätzen wandern können. Der Jangtse-Delfin, einer der seltenen Süßwasserdelfine, gilt inzwischen als ausgestorben.

101.1 Drei-Schluchten-Damm

Probleme bereitet die Aufstauung auch in anderer Hinsicht. Die große Wasserfläche führt zu Klimaveränderungen in der Region: Man verzeichnet inzwischen stärkere Regenfälle. Dies wiederum trägt zu einer verstärkten Erosion an den Ufern des Stausees bei. Um dem entgegenzuwirken, wurde beschlossen, eine Schutzzone rund um den See einzurichten, mit der Folge, dass weitere 300 000 Menschen umgesiedelt werden müssen.

Wasserverschmutzung

Wenn der Jangtse bei Shanghai ins Meer fließt, ist er rund 90 Kilometer breit und hochgradig verschmutzt. Auf seinem Weg muss er jährlich 30,5 Milliarden Tonnen Abfälle aus Industrie, Landwirtschaft und Privathaushalten aufnehmen. Auch der Schiffsverkehr trägt zur Verschmutzung bei. Dabei leben entlang des Jangtse etwa 300 Millionen Menschen, deren Trinkwasserversorgung zu großen Teilen von dem Fluss abhängt. Schätzungen zufolge sterben in China jährlich 66 000 Menschen an Durchfall- und Krebserkrankungen durch verschmutztes Trinkwasser.

101.2 Wasserverschmutzung

AUFGABEN >>

1. Erstelle ein Merkbild zu den Umweltproblemen Chinas.
2. Erkläre, weshalb der Drei-Schluchten-Staudamm gebaut wurde.
3. Versuche zu erklären, weshalb auch Sicherheits- und Militär-Experten Einwände gegen den Bau des Staudamms hatten.

102.1 Straße in einer chinesischen Großstadt

China – das bevölkerungsreichste Land der Erde

Betrachtet man das Bild oben, so könnte man meinen, dass gerade ein großes Rock-Konzert zu Ende gegangen ist, so viele Menschen strömen durch die Straßen. Es handelt sich jedoch um eine alltägliche Szene in einer chinesischen Großstadt. Vor allem der Osten Chinas ist äußerst dicht besiedelt. Die Bevölkerung des Landes wuchs seit Gründung der Volksrepublik (1949) von 470 auf 1 330 Mio. (2009) an. Jeder fünfte Bewohner der Erde ist heute ein Chinese. Tagtäglich kommen im „Reich der Mitte" rund 50 000 Kinder zur Welt.

Ursachen für das Bevölkerungswachstum

Vor allem auf dem Land sind Kinder oft die einzige Altersvorsorge für ihre Eltern. Sie müssen für sie sorgen, wenn sie alt werden und nicht mehr arbeiten können. Kinderreichtum bedeutet deshalb Glück für die Familie. Zudem sorgte in den letzten 50 Jahren die bessere medizinische Versorgung für die Bevölkerungsexplosion, weil die Kindersterblichkeit sank und die Lebenserwartung zunahm. Auch die Verbesserung der Ernährungssituation hat zum Bevölkerungsanstieg beigetragen. Hungersnöte, denen früher Hunderttausende Chinesen zum Opfer fielen, gibt es kaum mehr.

Probleme durch die Übervölkerung

Auf den Seiten 94/95 hast du schon erfahren, dass die landwirtschaftlich nutzbare Fläche in China begrenzt ist. Eine Ausweitung ist nahezu unmöglich. Deshalb kommt auf einen Einwohner immer weniger Anbaufläche. China kann daher nur mithilfe von Nahrungsmittelimporten die Ernährung seiner Bevölkerung sicherstellen.
Auch die Arbeitsplatzsituation ist angespannt: 800 Mio. Chinesen sind derzeit im arbeitsfähigen Alter. Jedes Jahr müssen Millionen neue Arbeitsplätze geschaffen werden.

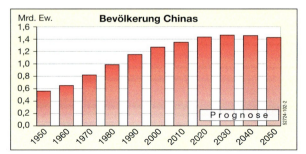

102.2 Bevölkerungsentwicklung in China

1957	6,4
1970	5,8
1979	2,8
1990	1,8
2000	1,9
2010	1,6
zum Vergleich: Deutschland	1,3

102.3 Geburten pro Frau in China

103.1 Chinesische „Idealfamilie"

Ausnahmen von der Ein-Kind-Politik:
Unter folgenden Aspekten ist es erlaubt, ein zweites Kind zu bekommen:
- Bauernfamilien, deren erstes Kind ein Mädchen ist
- wenn beide Eltern Einzelkinder sind
- wenn bei wiederverheirateten Paaren ein Partner noch keine Kinder hat
- Chinesen mit ausländischem Pass
- Angehörige nationaler Minderheiten

Manche Chinesen entziehen sich der Regel dadurch, dass sie Strafen zahlen. Etwa 10 000 Euro Strafe kostet es in Shanghai, ein zweites Kind zu haben. Immer mehr Chinesen können sich diesen Betrag leisten.

Maßnahmen der Regierung

Um das Bevölkerungswachstum zu begrenzen, gibt es seit 1980 in China die „Ein-Kind-Politik". Familien mit nur einem Kind erhalten zahlreiche Vergünstigungen, zum Beispiel eine höhere Altersvorsorge und kostenlose medizinische Versorgung, eine Bevorzugung im Kindergarten und in der Schule, größere Wohnungen usw. Wird jedoch ein zweites Kind geboren, muss die Familie mit empfindlichen Strafen rechnen (z. B. Geldstrafen von bis zu sechs Jahreseinkommen, Kürzung des Arbeitslohnes, Zwangssterilisation bei weiteren Schwangerschaften, Rückzahlung aller beim ersten Kind erhaltenen Vergünstigungen).

Aufgrund dieser Maßnahmen sank die Zahl der Geburten deutlich (Tab. 102.3). Doch es stellte sich heraus, dass insbesondere in ländlichen Regionen mehr Jungen als Mädchen geboren werden. So kommen heute auf 100 neugeborene Mädchen 117 Jungen. Der Grund dafür ist, dass nach Ansicht weiter Bevölkerungsteile nur ein Sohn die Altersversorgung gewährleisten kann. Mädchen werden hingegen oft abgetrieben oder nach der Geburt ausgesetzt und getötet.

Die chinesische Regierung sah sich gezwungen, die rigorose **Bevölkerungspolitik** zu lockern. Sie hat Ausnahmeregelungen geschaffen (> Infokasten rechts), die es erlauben, mehr als ein Kind zu haben.

Die kleinen Kaiser werden zu dick
Wenn Linbao mit seinen Eltern in die Stadt fährt, entscheidet der Junge, wo gegessen wird. Zusammen mit Tausenden anderen drängt sich die Familie dann in Fastfood-Restaurants wie „Maidanglao"(McDonald's), „Kendeji" (Kentucky Fried Chicken) oder „Bishengke" (Pizza Hut). Statt Reis und Gemüse gibt es Hamburger und Pommes. „Xia Huangdi" – „kleine Kaiser" – nennen die Chinesen Einzelkinder wie Linbao. Diese werden verhätschelt und verwöhnt. Vor allem die Söhne, Stolz vieler chinesischer Familien, werden mit zu viel und ungesundem Essen überfüttert. Einer Untersuchung zufolge leiden 12 % der Jungen in den Städten an Übergewicht. Die Bedeutung des Essens in China zeigt sich auch in der Sprache: Statt mit „Guten Tag" begrüßen sich Chinesen mit „Chi le ma?" – „Schon gegessen?"

AUFGABEN >>

1. Beschreibe die Bevölkerungsentwicklung Chinas (Abb. 102.2).
2. Nenne Probleme, die China ohne staatliche Geburtenregelung hätte.
3. Erläutere, warum die Ein-Kind-Politik bei der Bevölkerung sehr umstritten ist.
4. Welche Probleme wurden durch die Ein-Kind-Politik geschaffen?

Japan – Leben in ständiger Gefahr

(Erdbeben) 地震

Der japanische Inselstaat, gelegen im Pazifischen Ozean, umfasst rund 4000 Inseln. Diese sind die aus der Wasseroberfläche herausragenden Gipfel eines untermeerischen Gebirges, das bis zu 12000 Meter vom Seeboden emporsteigt. Viele Berggipfel sind Vulkane, von denen noch heute über 80 aktiv sind. Sie prägen Japan ebenso wie die zahlreichen Erd- und Seebeben, von denen jährlich über 5000 registriert werden.

Durch die Lage auf dem „Ring of Fire", einer ringförmigen Schwächezone der Erdkruste rund um den Pazifischen Ozean, leben die Japaner in ständiger Gefahr: **Erdbeben** sind an der Tagesordnung, **Vulkane** können jederzeit ausbrechen und Seebeben ziehen häufig gefährliche Flutwellen (Tsunamis) nach sich.

Auch Wetterextreme bedrohen den Inselstaat: So sorgen frühsommerliche Starkregen für Überschwemmungen und im Spätsommer treten verheerende **Taifune** (tropische Wirbelstürme > S. 15) auf. Auch im Winter sorgen extreme Schneefälle vor allem auf der Insel Hokkaido immer wieder für Chaos.

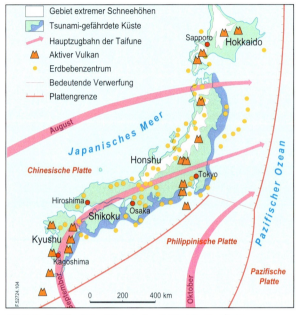

104.1 *Gefährdung Japans durch Naturgewalten*

Über 5000 Mal pro Jahr – Erd- und Seebeben

In der 5. Jahrgangsstufe hast du bereits erfahren, dass die Erdkruste in zahlreiche Platten zerbrochen ist. Diese bewegen sich langsam auf dem zähflüssigen Magma, wobei es an den Plattenrändern immer wieder zu Kollisionen kommt.

In Japan treffen gleich drei Erdplatten aufeinander! Dabei „rutschen" die ozeanischen Platten unter die kontinentale (= Subduktion). Dadurch baut sich an den Plattenrändern – den Schwächezonen der Erde – eine Spannung auf. Wenn sich diese plötzlich und ruckartig löst, entstehen in solchen Schwächezonen Erdbeben. Je nach Tiefe des Erdbebenherdes und je nach der Besiedlung im Bereich des Epizentrums können Erdbeben für verheerende Zerstörungen sorgen.

1995 ereignete sich ein schweres Beben in der Millionenstadt Kobe, bei dem über 5000 Menschen ums Leben kamen. Auch Tsunamis, die durch untermeerische Beben ausgelöst werden, bedrohen die Bewohner: So riss Weihnachten 2004 ein Tsunami vor der Küste Indonesiens 230000 Menschen in den Tod und sorgte für schwere Schäden.

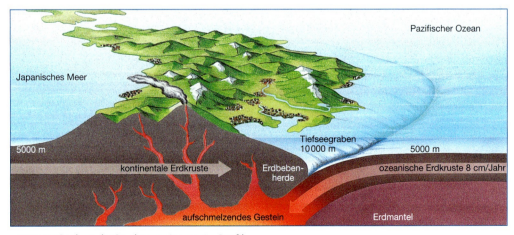

104.2 *Geologische Strukturen Japans im Profil*

(Vulkane) 火山

Heilige Vulkane?

Nur an wenigen Tagen im Jahr, bei klarer Sicht, kann man den 3 776 Meter hohen Fujisan von Tokyo aus sehen. Der heilige Berg der Japaner liegt über dem Berührungspunkt dreier Erdplatten. Er ist ein aktiver Vulkan, dessen Ausbruchsrisiko allerdings nicht als allzu hoch eingestuft wird. Das letzte Mal war er 1707 aktiv. Entlang der Schwächezonen an den Plattengrenzen kann Magma aus dem Erdinneren relativ einfach an die Erdoberfläche hervordringen. Es sammelt sich unter den Vulkanen in einer Magmakammer und steht durch die Anreicherung mit Gas unter Druck. Wird dieser zu groß, so bahnt sich das Magma durch einen oder mehrere Schlote den Weg an die Erdoberfläche. Eine Explosion kann sogar den Vulkangipfel wegsprengen, oft regnen Bomben (große Gesteinsbrocken), Lapilli (kleine Steine) und Asche hernieder. Aus dem Krater kann sich glutheiße Lava den Weg vulkanabwärts bahnen. Die Gefahr eines solchen Ereignisses durch die vielen aktiven Vulkane in Japan ist hoch.

105.1 Ausbruch eines untermeerischen Vulkans

Um frühzeitig vor Ausbrüchen warnen zu können, gibt es Stationen auf und im Umkreis der feuerspuckenden Berge. Betonrinnen an den Flanken sollen austretende Lava in Bahnen lenken und feuerfeste Bunker dienen den Menschen als Unterschlupf. In Vulkangebieten tragen übrigens die Schulkinder auch feuerfeste Schultaschen.

Taifune

Taifune entstehen in den tropischen Gewässern östlich der Philippinen meist im Spätsommer oder Herbst, wenn die Wassertemperatur mehr als 26 °C erreicht, und ziehen dann weiter nach Ostasien. Nur wenn große Mengen Wasserdampf verdunsten und später kondensieren können, erhält der Taifun genug Nachschub an Energie für sein Zerstörungswerk.

Um das windstille Auge des Taifuns herum werden Windgeschwindigkeiten von 120 km/h, in Böen bis zu 250 km/h erreicht. Auf dem Meer entstehen dabei Wellen von großer Zerstörungskraft, die gemeinsam mit dem Sturm die pazifische Küste Japans bedrohen. Dazu kommen Niederschläge von 100 bis 500 mm während des Taifuns, was großflächige Überschwemmungen und Erdrutsche an den Steilhängen zur Folge haben kann.

Durch die Verbesserung wetterkundlicher Beobachtungen kann man Taifune frühzeitig vorhersagen und die Bevölkerung warnen. Zudem werden japanische Gebäude sehr solide errichtet, um Schäden in Grenzen zu halten.

105.2 Taifun vor Japans Küste

AUFGABEN >>

1. Beschreibe die Lage Japans und benenne die vier Hauptinseln von Nord nach Süd.
2. Erkläre, warum die Japaner „in ständiger Gefahr leben".
3. Beschreibe deinen Mitschülern anschaulich, wie es zu Erd- und Seebeben, Vulkanismus bzw. zu Taifunen in Japan kommt, welche Auswirkungen diese Naturkatastrophen für die Bevölkerung haben und wie sich diese davor zu schützen versucht.
4. Informiere dich in den Medien über aktuelle Naturkatastrophen im „Ring of Fire".

(Tokyo) 東京

106.1 Am Bahnhof Shinjuku in Tokyo

Steckbrief Tokyo
- Lage:
- Einwohner:
- Bevölkerungsdichte:
- Fläche:
- Ausdehnung:
- Historische Entwicklung:

Tokyo – 37 Millionen Menschen auf engstem Raum

Der riesige Ballungsraum Tokyo liegt auf Honshu, der größten der vier japanischen Hauptinseln. Begrenzt durch den Pazifischen Ozean im Osten und umgeben von Gebirge liegt der Ballungsraum Tokyo in der Kanto-Ebene.

Da weite Teile der japanischen Inseln gebirgig sind, konzentriert sich der Lebensraum der japanischen Bevölkerung auf die 20 % gut besiedelbaren Ebenen. Allein in der Kanto-Ebene um die Bucht von Tokyo leben 37 Millionen Japaner auf engstem Raum – obwohl sich hier eines der weltweit aktivsten Erdbebengebiete befindet.

Tokyo wurde bereits 1446 auf sumpfigem Land gegründet, hieß damals jedoch noch Edo, benannt nach der neugebauten Burg. Als 1868 der Sitz des japanischen Tennos, des Kaisers, dorthin verlegt wurde, erhielt die Stadt den Namen Tokyo, was „Hauptstadt im Osten" bedeutet. Seitdem wuchs die Bevölkerung von rund einer halben Million (1870) auf sieben Millionen um 1940. Im Zweiten Weltkrieg wurden die meisten traditionellen Holzhäuser zerstört. So konnte sich die Stadt beim Wiederaufbau in alle Richtungen entwickeln: ins Hinterland, durch Neulandgewinnung ins Meer, in die Höhe und auch in die Tiefe. Die hohe Bevölkerungskonzentration bezahlen die Menschen allerdings nicht nur mit hohen Mieten und Grundstückspreisen, sondern auch mit großen Umwelt- und Verkehrsproblemen.

Tokyo gehört zu den Metropolen dieser Welt und gilt neben New York und London als eine „Kommandozentrale" der Weltwirtschaft, in der sich zahlreiche internationale Unternehmen niedergelassen haben.

AUFGABEN >>

1. Verorte Tokyo im Atlas.
2. Ergänze den Steckbrief. Recherchiere weitere Informationen.
3. Erkläre an Beispielen, mit welchen Verkehrs- und Umweltproblemen ein Ballungsraum wie Tokyo zu kämpfen hat.

Besuch in einer japanischen Familie

(Familie) 家族

Für die 18-jährige Katharina ist ein Traum in Erfüllung gegangen. Sie erhielt ein Stipendium für einen einjährigen Auslandsaufenthalt in Japan. Sie erinnert sich an ihren ersten Besuch bei einer japanischen Familie, bei Miho und Masato Mazuka:
„Die Familie wohnt in einem Wohnblock in Hachioji, einem Vorort von Tokyo. Von außen erscheint das Mehrfamilienhaus nicht japanisch, sondern im westlichen Baustil. Natürlich gibt es auch noch traditionelle japanische Holzhäuser, aber die neueren Wohnungen bieten einfach mehr Komfort.
Nach dem Eintreten in die Wohnung ziehe ich – wie üblich – sofort die Schuhe aus. Die gastfreundliche Familie führt mich in ihr Wohnzimmer, das als einziger Raum nicht ganz so westlich eingerichtet ist. Der Sitzbereich ist mit tatami, fünf Zentimeter

107.1 Familie Mazuka

dicken Matten aus gepresstem Stroh, ausgelegt. Das sieht wirklich asiatisch aus. Nur wenige Möbel finden sich hier. Der Rest der nur 40 Quadratmeter großen Wohnung ist dagegen ziemlich vollgestopft, weil praktisch jeder Zentimeter Platz genutzt werden muss. Wohnraum ist in Japan schließlich äußerst teuer. Miho, die Mutter, bietet mir ein bequemes Sitzkissen an. Sie serviert sofort Tee, der aus kleinen Schalen getrunken wird."

107.2 Miho serviert Tee

In der japanischen Familie entscheidet die Frau

„Dass Miho bereits seit 6 Uhr auf den Beinen ist, sieht man ihr nicht an. Sie hat ihren Mann mit einem reichhaltigen Frühstück aus Reis, Fisch und Gemüse versorgt. Anschließend machte sie die beiden Kinder für die Schule fertig, denn durch den langen Arbeitstag ihres Mannes ist sie für die Kindererziehung und für den gesamten Haushalt zuständig.

Miho hat studiert und bis Anfang Dreißig in einer internationalen Firma gearbeitet. Doch da ihr Mann gut verdient, beschloss sie, sich vor allem um die Familie und das Heim zu kümmern. Diese Rolle wird in Japan durchaus wertgeschätzt. Die Frau ist auch für das Familienbudget zuständig; ihrem Mann gibt sie ein monatliches Taschengeld. Und sie erwartet von ihm, dass er sich mit großem Einsatz an seinem Arbeitsplatz einbringt, denn so unterstützt er die Familie am besten. Doch immer mehr Frauen in Japan verzichten bewusst auf die Rolle als Ehefrau und Mutter zugunsten ihres Berufes."

Japanische Männer lieben ihre Arbeit …

„Masato, der Ehemann und Vater, fährt jeden Morgen mit einem Zug der Japan Railway Linie eine Stunde lang in die Arbeit – so wie Millionen andere im Ballungsraum Tokyo. In der Firma ist er bereits seit Ende seines Studiums beschäftigt und er konnte dort schon Karriere machen. Darauf ist er stolz, denn mit seinem Einkommen kann er seiner Familie ein gutes Leben ermöglichen.
Oft hat Masatos Arbeitstag zehn Stunden und auch abends pflegt er häufig noch geschäftliche Kontakte. Seine Firma ist für ihn wie eine zweite Familie. Hier kann er seinen Beitrag leisten. Er erzählt allerdings auch, dass heutzutage viele Menschen nicht mehr in so sicheren Posten wie er arbeiten können. Manche seiner Freunde bangen um ihre befristeten Jobs und verdienen deutlich weniger. Masato könnte sich nicht vorstellen, seine Firma zu wechseln. Das wäre ihm einfach zu unsicher."

107.3 Masato in seiner Firma

AUFGABEN >>

1. Vergleiche die Rollenverteilung der Familie Mazuka mit der in deiner Familie und nenne Unterschiede.
2. Informiere dich im Internet über „Wohnen in Japan".

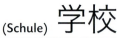
(Schule) 学校

Zeit	Montag	Dienstag	Mittwoch	Donnerstag	Freitag
7.20-8.00 h	Morgenclubs, Übungszeit				
8.20 h	alle Schüler treffen in der Schule ein				
8.30-8.40 h	Lesezeit				
8.40-8.50 h	„Short Time" (Klassleiterzeit)				
8.55-9.45 h	Sport	Japanisch	Sport	Kunst	Englisch
9.55-10.45 h	Musik	Englisch	Naturwissenschaften	Mathematik	Naturwissenschaften
10.55-11.45 h	Hauswirtschaft	Mathematik	Englisch	Gesellschaftskunde	Sport
11.55-12.45 h	Werken	Naturwissenschaften	Japanisch	Japanisch	Gesellschaftskunde
12.45-13.30 h	gemeinsames Mittagessen (meist im Klassenzimmer)				
13.45-14.35 h	Projektunterricht	Wahlfach	ganzheitliches Lernen	Ethik	Mathematik
14.45-15.35 h	Versammlung	Gesellschaftskunde	ganzheitliches Lernen		Wahlfach
15.35-15.50 h	gemeinsames Putzen				
15.55-16.05 h	„Short Time" (Klassleiterzeit)				

108.1 Kenzo und seine Schwester Yukiko

108.2 Kenzos Stundenplan

Die Schule – das zweite Zuhause

Yukiko Mazuka ist Schülerin einer 2. Klasse an einer japanischen Grundschule. Sie erzählt aus ihrem Schulalltag:
„Ich verlasse unsere Wohnung um 7.50 Uhr, um 20 Minuten später pünktlich an meiner Schule zu erscheinen. Nach einem gemeinsamen Morgenappell, der im Sommer auf dem Schulhof stattfindet, gehen wir dann in unsere Klasse. Meine Klassenlehrerin ist sehr nett und sie macht einen guten Unterricht.
Wir lernen natürlich alle Grundfächer wie auch die deutschen Schüler, aber besonders gerne mag ich die künstlerischen Fächer, wie zum Beispiel Kalligrafie. Um eine gute Tageszeitung lesen zu können, muss ich fast 2 000 Kanji beherrschen. Kanji, so heißen unsere Schriftzeichen.
Nach dem Vormittagsunterricht essen wir im Klassenzimmer zusammen zu Mittag. Und am Nachmittag reinigen wir gemeinsam unser Klassenzimmer. Wenn ich dann gegen 15 Uhr nach Hause komme, dann muss ich noch meine Hausaufgaben machen."

Yukikos Bruder Kenzo ist 15 Jahre alt und besucht eine Mittelschule. Nächstes Jahr möchte er unbedingt auf eine angesehene Oberschule wechseln. Er erzählt:
„Manchmal beneide ich meine kleine Schwester, denn in der Grundschule war alles noch einfacher. Ich muss dagegen den ganzen Tag pauken. Bereits der Unterricht, der abgesehen von einer Mittagspause bis 15.35 Uhr geht, ist sehr anstrengend. Nach dem Säubern des Klassenzimmers, was wir selbst machen, besuche ich verschiedene Clubs.
Damit ich die Aufnahmeprüfungen für meine Wunschschule schaffe, muss ich ab 17 Uhr noch in einem Juku, einem Paukstudio, büffeln. Wenn ich gegen 21 Uhr nach Hause komme, stehen noch die Hausaufgaben für die Schule und für das Juku an. Bis ich ins Bett komme, ist es manchmal wirklich spät! Aber ich möchte unbedingt auf eine Elite-Universität gehen, denn dann ist mir ein guter Arbeitsplatz sicher. Dafür muss ich eben jetzt wie viele meiner Klassenkameraden lernen, lernen und noch einmal lernen! Manchmal habe ich es wirklich satt!"

108.3 Japanische Schüler üben Kalligrafie (Schönschreiben)

AUFGABEN >>

1. Vergleiche Kenzos Stundenplan (Abb. 108.2) mit deinem. Welche Unterschiede fallen dir auf?
2. Beschreibe Kenzos Schulalltag. Wieso spricht man im japanischen Schulsystem von einer „Prüfungshölle"?
3. Klassen- und Schulgemeinschaft wird in Japan großgeschrieben. Zeige hierfür Beispiele aus den beiden Schülerbeschreibungen.
4. Male zwei Kanjis mit Pinsel und schwarzer Wasserfarbe ab.

青少年 (Jugend)

Jugend im Wandel

109.1 Japanische Jugendliche in einer Spielhalle

109.2 Manga

Emos, Jugendliche, die gegen das strenge Schulsystem rebellieren – das gibt es auch in Japan. Gruppengeist und ein angepasstes Leben sind dort jedoch wichtiger als bei uns. Bildhaft sagt man: Ein Nagel, der aus dem Brett hervorsteht, wird hineingeschlagen.

Noch sind es relativ wenige, die sich gegen den traditionellen Weg in Schule und Berufsleben wehren. Pauken bis in die Nacht, Anpassung um jeden Preis – das stört sie. Sie fragen sich, wo die eigene Individualität bleibt, wenn manche Schulordnungen neben der Rock- und Strumpflänge auch die Frisur vorschreiben. Und so fordern immer mehr junge Menschen Freiheit statt Pflichterfüllung.

Dem „alten" Japan steht heute eine neue Realität gegenüber. Über die Medien erfahren Jugendliche, wie Gleichaltrige im Westen leben. Sie hören dieselbe Musik, lieben die gleichen Kleidungsstücke und kombinieren diese kreativ, sodass sie für ausländische Jugendliche wiederum Vorbild sind. Auch auf ihr Handy könnten viele Jugendliche nicht verzichten und für Besuche in den beliebten Karaoke-Bars und schrillen Spielhallen geben sie im Monat teilweise 100 Euro aus.

Für Politik, Zeitungen oder Literatur nimmt das Interesse der Jugend dagegen immer mehr ab. Viele kaufen sich stattdessen dicke, nahezu textlose Manga. Zu ihrer Erlebniswelt, die häufig durch die Medien geprägt wird, gehören auch Sex und Horrorszenen.

Waren noch vor wenigen Jahrzehnten japanische Tugenden ein Muss, so suchen viele Jugendliche, zum Leidwesen ihrer Eltern, Werte in der westlichen Welt.

Manga – beliebt bei Jung und Alt

Manga ist der japanische Begriff für alle Arten von Comics, wobei in Deutschland diese Bezeichnung nicht nur für die gedruckten Comics verwendet wird, sondern auch für Karikaturen und Zeichentrickfilme. Letztere bezeichnet man jedoch treffender als Anime. Typisch sind hier Figuren mit großen Augen und kindlichen Zügen.

In Japan wachsen bereits die Kleinsten mit Manga auf. Für Kinder und Jugendliche gibt es eine große Fülle dieser Comics, oft beschäftigen sie sich mit Hobbys oder vermitteln Wissensinhalte, die für die Schule wichtig sind. Und natürlich gibt es spezielle Mädchen- und Jungenmanga. Im Erwachsenenalter findet diese Art der Zeitschriften ebenfalls großen Anklang, bis hin zum „Silver Manga" für Senioren.

Inzwischen kann man solche Zeitschriften nach japanischem Vorbild auch in deutschen Geschäften kaufen. Manche Jugendliche sind regelrechte Manga-Zeichner. Mal sehen, ob sich die „Silver Manga" bei uns durchsetzen werden …

AUFGABEN >>

1. Beschreibe, wogegen japanische Jugendliche rebellieren.
2. Erkläre, was Manga sind. Welche weiteren „japanischen Hobbys" sind in Deutschland zu finden?
3. „Ein Nagel, der aus dem Brett hervorsteht, wird hineingeschlagen." Erkläre, was mit diesem japanischen Sprichwort gemeint ist.

(Industrie) 工業

„Lasst uns ein neues Japan bauen,
mit Kraft und Verstand!
Lasst uns bessere Güter herstellen
und sie zu den Völkern der Welt schicken
in einem endlosen Strom,
so wie Wasser aus der Quelle sprudelt!
Unsere Industrie soll wachsen,
wachsen, wachsen!
Lasst uns aufrichtig zusammenstehen
für Matsushita-Elektrik!"

(Morgenlied japanischer Industriearbeiter der „Matsushita-Elektrik")

110.1 Beispiel für japanisches Arbeitsethos

110.2 Präzision – Qualitätsgarant in der Autoherstellung

Japanische Produkte - in der Welt zu Hause

Wenn du dich bei dir zu Hause umsiehst, dann wirst du entdecken, dass dort viele Geräte aus Japan vorzufinden sind, denn Japans Industrie setzt auf qualitativ hochwertige, technisch weit entwickelte Produkte, die Ansehen in der ganzen Welt genießen.
Das war nicht immer so. Im rohstoffarmen und von Naturkatastrophen gebeutelten Japan fand die Industrialisierung relativ spät statt. Erst Mitte der 1950er-Jahre kamen japanische Industrieprodukte auf den Weltmarkt: Als minderwertige Nachbauten und billige Massenware wurden diese damals jedoch noch belächelt. Innerhalb weniger Jahrzehnte schaffte der Inselstaat aber durch eine massiv gelenkte Zusammenarbeit von Staat, Wirtschaft und Forschung den Anschluss an andere Industrienationen. Und durch Fleiß, Erfindergeist und ein hohes Ausbildungsniveau seiner Arbeitskräfte ist Japan bis heute noch an der Weltspitze zu finden. So ist die Industrie des Inselstaates in vielen Bereichen, vor allem in der Automobilbranche, der Industrieroboter- und Umwelttechnologie, führend.
Allerdings hat Japan seit Ende des 20. Jahrhunderts mit wirtschaftlichen Problemen zu kämpfen: Im Zeitalter der Globalisierung wurden auch hier Arbeitsplätze ins lohngünstigere Ausland verlagert, gleichzeitig strömten mehr ausländische Waren auf den japanischen Markt. Mithilfe staatlicher Eingriffe gelingt es langsam, dass sich die japanische Wirtschaft wieder erholt. Aber im Land der aufgehenden Sonne ist wohl nichts unmöglich ...

- **Teamarbeit:** starkes Zusammengehörigkeitsgefühl, auch durch gemeinsame Verantwortlichkeit, Wille zum gemeinsamen Erfolg
- **Konsens-Entscheidungen:** Entscheidungen erst nach Beratung unter möglichst vielen Mitarbeitern innerhalb des Konzerns, dadurch erhöhte Motivation und gemeinschaftliches Verantwortungsgefühl
- **Kaizen (Verbesserung):** ständige Verbesserung vorhandener Produkte in Bezug auf Technik und Design, um die Zufriedenheit der Verbraucher zu erhöhen
- **Total Quality Management:** Reduzierung von Fehlern auf ein Minimum durch die Arbeiter; Perfektionismusgedanke, der sich auch in ausgefeilten Verpackungen zeigt
- **Lean Production („schlanke Produktion"):** Auslagerung von Teilen/Komponenten der Produktion in Zulieferbetriebe
- **Just in time:** Zeitgenaue Lieferung von Teilen durch Zulieferbetriebe; dadurch verringerte Lager- und Personalkosten

110.3 Japanische Erfolgsstrategien in der Wirtschaft

AUFGABEN >>

1. Nenne japanische Marken, die du bei dir zu Hause finden kannst.
2. Beschreibe die wirtschaftliche Entwicklung Japans in eigenen Worten.
3. „Das Geheimnis des japanischen Erfolges ist der Japaner." Erkläre diese Redewendung mithilfe der Erfolgsstrategien sowie durch den Text.
4. Informiere dich im Atlas über die bedeutendsten Wirtschaftszweige in Japan.

Japans Umgang mit Natur und Umwelt

(Umwelt) 環境

Vom „Umweltbengel" zum „Umweltengel"?

Nach dem Zweiten Weltkrieg hatte der wirtschaftliche Erfolg Japans oberste Priorität – zu Lasten von Japans Natur und Umwelt. Die Menschen, die aufgrund der Raumenge in dicht besiedelten Gebieten lebten, mussten in den leicht gebauten Häusern Gestank, Abgase, Verkehrs- und Fabriklärm ertragen. Hochgiftige Abwässer gelangten früher ungeklärt ins Meer, sodass über die Nahrungsmittelkette manche Menschen krank wurden und teilweise sogar an den Giftstoffen starben.

Aus den Umweltsünden hat Japan jedoch gelernt und es wurden zahlreiche staatliche Maßnahmen ergriffen: Tempolimits, Katalysatoren und Rauchgasentschwefelungsanlagen hielten als Erstes auf den japanischen Inseln Einzug. Heute hat der Inselstaat äußerst strenge Abgasvorschriften für Autos und Fabriken. Durch verschiedenartige Maßnahmen konnte die japanische Natur wieder genesen. Im „integrierten Umweltschutz", in dem beispielsweise durch ausgefeilte Produktionsverfahren die Belastung der Umwelt verringert wird, ist Japan Spitzenreiter.

Auch im Bereich der Mülltrennung ist die japanische Bevölkerung aktiv. In manchen japanischen Großstädten muss sie auch im Wechsel die Kontrollen über die korrekte Mülltrennung in der Nachbarschaft übernehmen. Somit fühlt sich der Einzelne der Gesellschaft stärker verantwortlich.

111.2 Walfang – immer noch von Japan betrieben

Fisch- und Walfang in Japan

Fisch ist ein Hauptnahrungsmittel der Japaner. Sie essen rund sechsmal so viel Fisch wie die Deutschen. Um jedoch an dieses begehrte Nahrungsmittel zu kommen, werden die umliegenden Meere bedenkenlos geplündert. In den engmaschigen Netzen der Fischer verenden leider auch Meerestiere, die eigentlich nicht gefangen werden sollten, zum Beispiel Seehunde und Meeresschildkröten. Wegen ihrer umweltschädlichen Fangmethoden werden die japanischen Fischer deshalb immer wieder von zahlreichen Umwelt- und Naturschutzorganisationen kritisiert.

Auch Wale sind beliebte Beute der Fischer: Ihr Fleisch ist in Japan eine Delikatesse und bringt bis zu 350 Euro pro Kilogramm. Die Umweltschutzorganisation Greenpeace vergleicht Walfang mit Barbarei und setzt die Walfischer mit Seeräubern gleich. Die zum Teil vom Aussterben bedrohten Walarten werden mit Harpunen gefangen, deren Sprengköpfe die Wale oft stundenlang mit dem Tod ringen lassen. Aber auch in der Beliebtheit von Walfleisch zeigt sich in den letzten Jahren eine Trendwende: Die jüngere Bevölkerung schätzt das Fleisch nicht sonderlich, sodass die Walfangquoten endlich zurückgehen.

111.1 Müllabholung

AUFGABEN >>

1. Beschreibe Japans Weg im Umweltschutz.
2. Erläutere, inwiefern der japanische Fischfang eine Bedrohung für die Natur darstellt.
3. Sucht weiteres Informationsmaterial zum Thema „Japans Umgang mit Natur und Umwelt" und präsentiert es euren Mitschülern.

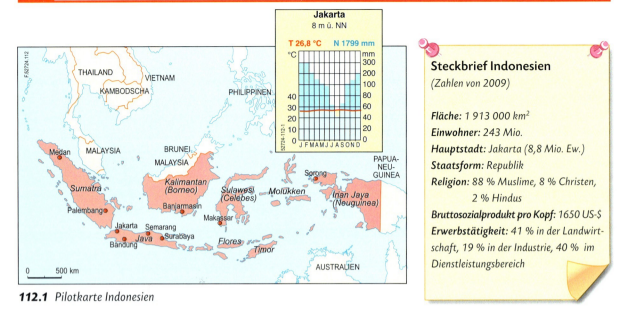

112.1 Pilotkarte Indonesien

Steckbrief Indonesien
(Zahlen von 2009)

Fläche: 1 913 000 km²
Einwohner: 243 Mio.
Hauptstadt: Jakarta (8,8 Mio. Ew.)
Staatsform: Republik
Religion: 88 % Muslime, 8 % Christen, 2 % Hindus
Bruttosozialprodukt pro Kopf: 1650 US-$
Erwerbstätigkeit: 41 % in der Landwirtschaft, 19 % in der Industrie, 40 % im Dienstleistungsbereich

112.2 Reisrispe und Reiskörner

Reis – eine besondere Pflanze
Reis besitzt einen hohen Nährwert. Während wir Deutschen nur 2,7 Kilogramm Reis pro Kopf und Jahr verzehren, ist er für die Asiaten das Hauptnahrungsmittel; sie essen diese Menge innerhalb einer Woche.
Die Reispflanze wird 0,5 bis 1,6 Meter hoch. Sie wirkt grasähnlich und entwickelt Rispen, die bis zu 150 Körner tragen (Abb. 112.2).
Während der Blüte braucht der Reis Temperaturen von 20 bis 30 °C und viel Sonne, in der Wachstumsphase sehr viel Feuchtigkeit (Abb. 112.1 oben). Für ein Kilogramm geernteten Reis sind bis zu 5000 Liter Wasser nötig. Die Wachstumszeit beträgt in etwa 110 Tage. In Gebieten, in denen es das ganze Jahr über ausreichend warm und sonnig ist und in denen genügend Wasser zur Verfügung steht, sind bis zu drei Reisernten im Jahr möglich.

Reisanbau in Indonesien

Das Inselreich Indonesien (Abb. 112.1) ist bei uns vor allem als Urlaubsparadies bekannt. Doch nicht nur traumhafte Strände und eine faszinierende Unterwasserwelt zeichnen Indonesien aus; das Land ist zudem der drittgrößte Reisproduzent der Welt und damit ein wichtiger Nahrungsmittellieferant für viele Millionen Menschen.
Auch wenn Reis bei uns nur eine willkommene Abwechslung zu Nudeln oder Kartoffeln darstellt, für über drei Milliarden Menschen ist er Grundnahrungsmittel Nummer Eins. So verwundert auch nicht die ursprüngliche Bedeutung des Namens „Reis", denn in der alten Hindusprache Sanskrit bedeutet dieser Begriff so viel wie „Ernährer der Menschheit". Schon vor 6000 Jahren soll in China und in Südostasien Reis angebaut worden sein.
Beim Reis handelt es sich um eine Getreideart (Abb. 112.2), deren Korn größtenteils aus Stärke besteht. Darüber hinaus enthält der Reis aber auch Eiweiß, wenig Fett und Vitamine. Für eine fettarme Ernährung ist Reis deshalb besonders gut geeignet.
Doch Reis wird nicht nur gegessen. Es gibt noch etliche weitere Verwendungsmöglichkeiten, zum Beispiel:
- Reiskörner: Bier, Branntwein (Arrak), Wein (Sake), Süßigkeiten
- Reisstreu: Pressen von „Ziegelsteinen", Einstreu von Tieren
- Reisstroh: Herstellung von Papier, Hüten, Körben, Besen, Hausdächern
- Reismehl: Herstellung von Stärke, Tapetenkleister, Babypuder, Körperlotion, Sonnencreme
- Fett der Reiskeime: Kerzen, Öle, Seifen

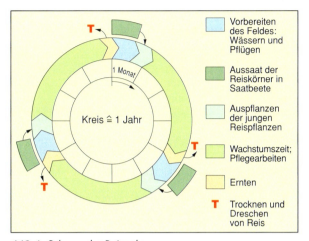

113.1 *Schema des Reisanbaus*

113.2 *Entnahme der Pflanzen aus dem Saatbeet*

So funktioniert der Reisanbau

Reis stellt nur geringe Ansprüche an den Boden. Düngung hat er kaum nötig. Deshalb kann man ihn jahrzehntelang ohne Zwischenfrucht anbauen.
Man unterscheidet zwei Anbaumethoden:
- Beim Nassreisbau werden an Hängen Felder terrassenartig angelegt und nach dem Einsetzen der Jungpflanzen geflutet. Da diese Felder oft sehr klein sind, muss ein Großteil der Arbeit von Hand erledigt werden.
- Wo Niederschläge und Luftfeuchtigkeit hoch genug sind, wird Trockenreisanbau betrieben. Dieser Trockenreis ist teurer, hat aber auch das bessere Aroma.

Der größte Teil der Reisproduktion stammt aus dem Nassreisanbau, weil die Erträge deutlich höher ausfallen. Um auf diese Weise Reis anbauen zu können, müssen zunächst die Reiskörner vorgequollen und in speziellen Saatbeeten ausgesät werden. Während die Jungpflanzen dort heranwachsen, werden die Reisfelder vorbereitet, indem sie gewässert und gepflügt werden, damit der Boden gut durchfeuchtet wird. Im Anschluss werden die Jungpflanzen aus den Saatbeeten eingesetzt. Während der Wachstumsperiode müssen die Felder immer wieder von Unkraut gesäubert werden.

Wenn der Reis reif ist, wird das Wasser von den Feldern abgelassen und die Bauern schneiden die Halme mit Sicheln (selten mit Maschinen) ab. Nach dem Trocknen wird das Getreide gedroschen.

113.3 *Pflügen des Reisfeldes*

113.4 *Reisfeld mit Jungpflanzen*

AUFGABEN >>

1. Beschreibe die Bedeutung des Reises für die Menschheit.
2. Ordne die Abbildungen 113.2-4 dem Schema 113.1 zu und erkläre mithilfe des Textes den Reisanbau.
3. Suche im Internet die weltweit zehn größten Reisproduzenten. Wo liegen die meisten dieser Länder?

Mit einer Dschunke durch die asiatische Inselwelt

Auf dieser Seite kannst du dein Wissen über Ost- und Südostasien noch einmal vertiefen. Du wirst auf einer Dschunke von der japanischen Metropole Tokyo durch die asiatische Inselwelt reisen. Dabei wirst du Bekanntes lesen, aber auch Neues und vielleicht sogar Kurioses. Am Ende deiner Fahrt steht die südkoreanische Metropole Seoul.

Spielregeln

Jeder Spieler würfelt einmal, der mit der höchsten Zahl beginnt. Es wird reihum gewürfelt. So viele Augen der Würfel anzeigt, so viele Felder darfst du weiterziehen. Auf manchen Feldern wird deine Reise beschleunigt, auf anderen musst du eine Pause einlegen. Wer als erster in Seoul eintrifft, hat gewonnen.
Als Spielfiguren könnt ihr die Kappe eines Stiftes verwenden. Und jetzt viel Spaß beim Spielen!

Die Chinesische Mauer ist das größte Bauwerk der Erde. Zwei Felder weiter.

Konfuzius sagt: Nur die Weisesten und die Dümmsten können sich nicht ändern. Ein Feld weiter.

Die Stadt Hongkong (= duftender Hafen) war bis 1997 britische Kolonie. Ein Feld weiter.

Der Vulkan Pinatu auf den Philippine bricht aus. Zwei Runden aussetzen.

An der Landenge von Kra ist Thailand nur 44 km breit. Zwei Felder weiter.

Die Provinz Banda Aceh auf Sumatra wurde 2004 durch einen Tsunami vollständig zerstört. Eine Runde aussetzen.

Du besuchst den berühmten kambodschanischen Tempel Angkor Wat. Zwei Runden aussetzen.

Die Malakka-Straße ist eine der meistbefahrenen Meerengen der Welt. Zwei Runden aussetzen.

Der Stadtstaat Singapur heißt übersetzt „Löwenstadt" (singha = Löwe, pura = Stadt). Ein Feld weiter.

Auf Sumatra gibt es den teuersten Kaffee der Welt. Das Kilo kostet mehrere hundert Euro. Ein Feld weiter.

19 Mio. Menschen leben in der indonesischen Hauptstadt Jakarta. Eine Runde aussetzen.

Die Insel Bali ist ein bekanntes Urlaubsparadies. Zwei Runden aussetzen.

Familie Yadev aus Ahraura (Indien):
Mashre (25, Bäuerin) und Bachau
(32, Bauer) mit der Tochter Gurai (6) und den
Söhnen Bhola (8), Manoj (5) und Arti (2)

5 Nord-Süd-Gefälle

Familie Skeen aus Pearland/Texas (USA):
Pattie (34, Erzieherin) und Rick (36,
Telefonkabel-Verleger) mit Tochter Julie
(10) und Sohn Michael (7)

Familie Getu aus Moulo (Äthiopien): Zenebu (25, Bäuerin) und Getu Mulleta (30, Bauer) mit Söhnen Teshome (10), Kebebe (11) und Töchtern Like (8), Mamoosh (7), Mulu (1)

Familie Ukita aus Tokyo (Japan): Sayo (43, Hausfrau) und Kazuo (45, Geschäftsmann) mit ihren Töchtern Mio (9) und Maya (6)

5 Nord-Süd-Gefälle

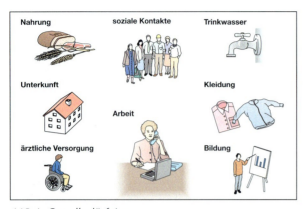

118.1 Grundbedürfnisse

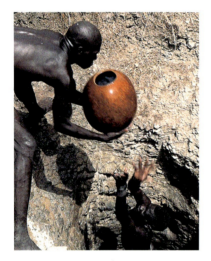

118.2 und 3 Wasser als kostbares Gut und im Überfluss

Was alle zum Leben brauchen ...

Sieht man sich Menschen aus verschiedenen Teilen der Erde an, könnten die Unterschiede kaum größer sein: Es gibt zum Beispiel unterschiedliche Hautfarben, Muttersprachen, Kleidungsstile, Speisen, Sitten und Gebräuche. Und doch haben alle Menschen etwas gemeinsam: Jeder Mensch hat bestimmte Grundbedürfnisse (Abb. 118.1). Dazu gehört auch ein Gefühl von Sicherheit, das allerdings nicht überall auf der Welt zu finden ist.

Nicht alle Menschen können ihre Grundbedürfnisse ausreichend erfüllen. Der Entwicklungsstand eines Landes wird mit dem sogenannten Human Development Index (> Infokasten) klassifiziert.

Besonders wenn es um das Gut Wasser geht, stellen wir weltweite Unterschiede fest. Im Jahr 2008 hatte nur rund ein Viertel der gesamten Weltbevölkerung uneingeschränkten Zugang zu sauberem Trinkwasser. Wie wichtig auch für uns Wasser ist, merkt man schnell, wenn es einmal aus technischen Gründen abgestellt werden muss. Und sei es nur für ein paar Stunden.

Human Development Index (HDI)

Der Index der menschlichen Entwicklung (HDI) ist eine Messzahl, mit der man den Entwicklungsstand einer Gesellschaft oder eines Landes anzeigt. Er errechnet sich vor allem aus drei Bestandteilen: dem **Bruttoinlandsprodukt**, also der Summe des Wertes aller erstellten Güter und Dienstleistungen in einem Land, der durchschnittlichen Lebenserwartung und dem Anteil der Analphabeten in einem Land. Daneben sind auch die durchschnittliche Dauer des Schulbesuches und die tatsächliche Kaufkraft des Einkommens für den HDI wichtig.

Das Optimum ist ein Index von 1,0. Erreicht ein Land einen HDI, der höher ist als 0,8, so gilt das Land als hoch entwickelt. Zwischen 0,5 und 0,8 wird als mittlere, unter 0,5 als niedrige Entwicklung gewertet. Den höchsten Wert erreichte 2009 Norwegen mit 0,971, den niedrigsten Wert Niger mit 0,340.

AUFGABEN >>

1. Nenne Grundbedürfnisse, die jeder Mensch hat. Belege mit Beispielen, auf welche Art Menschen in hoch und niedrig entwickelten Staaten ihre Bedürfnisse decken.
2. Erstelle mithilfe des Atlas oder der Karte im hinteren Einband eine Liste mit jeweils fünf hoch, mittel und niedrig entwickelten Staaten. Gib auch den Kontinent an, in dem diese Länder liegen. Was kannst du feststellen?

Leben in einem Industrieland

Julie lebt in Pearland/Texas (USA) und hat einen drei Jahre jüngeren Bruder. Wie wird ihr Leben wohl typischerweise verlaufen?
Sie hat lesen und schreiben gelernt und wird im Alter von 12 Jahren zum ersten Mal etwas über Verhütung im Schulunterricht hören. Shoppen und Chatten sind ihre liebsten Freizeitbeschäftigungen. Im Alter von 17 Jahren wird sie noch zur Schule gehen und ihren ersten sexuellen Kontakt haben.
Mit ungefähr 19 Jahren wird Julie dann eine Ausbildung beginnen und somit ins Berufsleben starten. Bei ihrer Hochzeit wird sie ungefähr 28 Jahre alt sein.
Kinder sind zu diesem Zeitpunkt noch kein Thema, denn der Beruf ist wichtiger. Sie wird ein bis zwei Kinder haben und bald nach deren Geburt wieder in ihrem Beruf arbeiten. Julie wird in der Regel ein gesichertes Leben zwischen Familie und Beruf und mit einer äußerst erfüllten Freizeit führen.
Mit etwa 61 Jahren wird sie zum ersten Mal Großmutter. Julie wird voraussichtlich im gesegneten Alter von 81 Jahren sterben.

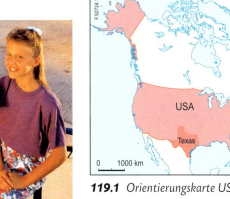

119.1 Orientierungskarte USA

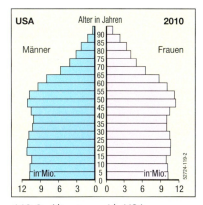

119.2 Alterspyramide USA

Merkmale von Industrieländern	Beispiel USA
• hoher HDI	• HDI 0,956
• hohe Lebenserwartung (› 70 Jahre)	• Frauen 80, Männer 74 Jahre
• hoher Alphabetisierungsgrad (› 90 %)	• 97 % Alphabeten
• kleine Familien, wenige Kinder	• 2,07 Kinder pro Frau
• gute medizinische Versorgung (hohe Ärztedichte)	• 2,7 Ärzte pro 1000 Ew.
• niedrige Säuglingssterblichkeit	• 6,63 pro 1000 Geburten
• hoher Bildungsstandard	• Schulpflicht; 50 Studenten pro 1 000 Ew
• politisch stabil (kaum von Krieg oder Diktatur bedroht)	• Kriegseinsätze in Afghanistan und im Irak
• hohes Pro-Kopf-Einkommen (mehr als 10 000 US-$ pro Jahr)	• 35 000 US-Dollar
• gute Infrastruktur	• ununterbrochene Strom- und Wasserversorgung
• Großteil der Menschen im tertiären Sektor beschäftigt (Abb. 119.3)	
• häufig Überernährung	• hohe Lebensmittelpreise führen zu Fehlernährung (z. B. Burger)

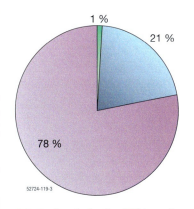

119.3 Anteile der Beschäftigten (grün: Landwirtschaft, blau: Industrie, violett: Dienstleistungen)

AUFGABEN >>

1. Erkläre den Begriff Industriestaat in eigenen Worten.
2. Finde mithilfe des Internets aktuelle Zahlen zu Deutschland und vergleiche diese mit den Daten der USA.
3. Beschreibe den Altersaufbau in einem Industriestaat wie den USA. Wie sieht der Altersaufbau in Deutschland aus (Daten findest du im Internet)? Überlege dir mögliche Folgen.

Leben in einem Entwicklungsland

120.1 Orientierungskarte Äthiopien

120.2 Alterspyramide Äthiopien

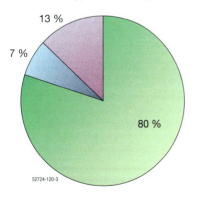

120.3 Anteile der Beschäftigten

Like lebt in Moulo (Äthiopien) und ist eines von fünf Kindern der Bauernfamilie Getu. Wie wird ihr Leben wohl typischerweise verlaufen?
Selbst im Alter von 13 Jahren wird sie nicht lesen und schreiben können, da sie wie die meisten Altersgenossinnen nie eine Schule besucht hat. Von klein auf muss sie ihrer Mutter im Haushalt helfen, z. B. Wasser vom fünf Kilometer entfernten Brunnen holen. Ihre Eltern werden früh sterben und so wird sie allein für ihre Geschwister und den Haushalt zuständig sein.
Im Alter von 17 wird sie heiraten. Da sie über Verhütung und Familienplanung nichts weiß, bekommt sie neun Monate nach der Hochzeit ihr erstes Kind. Das zweite stirbt bei der Geburt, da ist sie 19 Jahre alt. Mit 28, während ihrer fünften Schwangerschaft, treten Komplikationen auf, trotzdem gebärt sie noch zwei weitere Kinder. Erst jetzt erfährt sie etwas über Verhütung und Krankheitsvorsorge und bekommt keine weiteren Kinder. Mit 36 wird sie erstmals Großmutter. Im Alter von 48 Jahren wird Like nach einem entbehrungsreichen Leben sterben.

Merkmale von Entwicklungsländern	Beispiel Äthiopien
• niedriger HDI	• HDI 0,414
• niedrige Lebenserwartung (< 55 Jahre)	• Frauen 42, Männer 40 Jahre
• hoher Anteil von Analphabeten vor allem bei Mädchen und Frauen	• 57 % Analphabeten
• viele Kinder	• 5,44 pro Frau
• schlechte medizinische Versorgung, kaum Aufklärung und Vorsorge	• 0,05 Ärzte pro 1000 Ew.
• hohe Säuglingssterblichkeit	• 102 von 1000 Geborenen
• niedriger Bildungsstand	• Schulpflicht von 7-13 Jahren, aber nur 47 % aller Kinder werden eingeschult; 0,93 Studenten pro 1 000 Einwohner
• häufige Konflikte, Stammesfehden	
• niedriges Pro-Kopf-Einkommen (weniger als 1000 US-$ pro Jahr)	• 129 US-Dollar
• unzureichende Infrastruktur	• schlechte Straßen, nur 22 % haben Wasserversorgung
• Großteil in Landwirtschaft beschäftigt (Abb. 120.3)	
• unzureichende Ernährungslage	• 47 % aller Kleinkinder sind unterernährt Cashcrops verdrängen Foodcrops

AUFGABEN >>

1. Erkläre den Begriff Entwicklungsland in eigenen Worten.
2. Finde mithilfe des Internets zu einem weiteren Entwicklungsland deiner Wahl Daten.
3. Beschreibe den Altersaufbau in einem Entwicklungsland wie Äthiopien. Vergleiche diesen mit dem Altersaufbau von Deutschland.

Leben in einem Schwellenland

Gurais Familie lebt in Ahraua (Indien). Sie hat drei Brüder. Wie wird ihr Leben wohl typischerweise verlaufen?
Sie kann lesen und schreiben, doch obwohl sie intelligent ist, erlauben ihr die Eltern nicht, eine höhere Schule zu besuchen. Mit 19 Jahren wird sie verheiratet. Diese Verbindung haben Gurais Eltern schon vor Jahren mit den Eltern des Bräutigams vereinbart. Ihr Mann ist 15 Jahre älter. Wie fast alle Inderinnen zieht sie zur Familie ihres Mannes und hört nun auf ihn und ihre Schwiegermutter. Mit 21 Jahren wird sie Mutter von Zwillingen. Ihre Töchter werden ihr ganzes Leben von der Familie als Last gesehen. Sie ist froh, dass ihr drittes Kind ein Junge wird. Da sie über Verhütung gut Bescheid weiß, sorgt sie dafür, dass sie nun keine weiteren Kinder mehr bekommt. Weil ihre Töchter nicht zur Schule gehen dürfen, bringt sie ihnen selbst Lesen und Schreiben bei. Wenn Gurai 40 Jahre alt ist, wird die erste Tochter verheiratet. Für die Mitgift müssen sie und ihr Mann sich hoch verschulden. Mit 42 wird sie erstmals Großmutter. Nach dem Tod ihres Mannes zieht sie bei ihrem Sohn ein. Gurai wird mit 58 Jahren im Kreise ihrer zehn Enkel sterben.

121.1 Orientierungskarte Indien

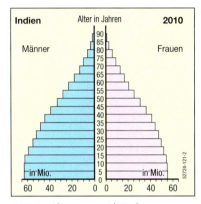

121.2 Alterspyramide Indien

Merkmale von Schwellenländern	Beispiel Indien
• mittlerer HDI	• HDI 0,612
• steigende Lebenserwartung durch bessere medizinische Versorgung	• 64 Jahre
• Alphabetisierungsgrad steigend, zunehmend auch bei Mädchen	• 60 % Alphabeten
• mehr Kinder als in Industriestaaten	• 2,85 pro Frau
• mittlere Ärztedichte, Tendenz steigend	• 0,39 Ärzte pro 1000 Ew.
• sinkende Säuglingssterblichkeit	• 58 von 1000 Geburten
• mittleres Bildungsniveau	• Schulpflicht von 6-14, aber nicht überall umgesetzt, 5,82 Studenten pro 1000 Ew.
• Bereitschaft zur wirtschaftlichen und politischen Modernisierung	
• steigendes Pro-Kopf-Einkommen	• 461 US-Dollar
• Ausbau der Infrastruktur	
• überdurchschnittliches Wirtschafts-Wachstum, oft auf Kosten der Umwelt	
• teilweise noch sehr traditionelle Lebensweise	• Kastenwesen

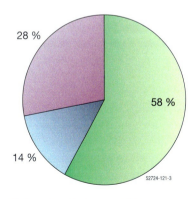

121.3 Anteile der Beschäftigten

AUFGABEN >>

1. Erkläre den Begriff Schwellenland in eigenen Worten.
2. Suche für ein weiteres Schwellenland deiner Wahl aktuelle Zahlen.
3. Beschreibe den Altersaufbau in einem Schwellenland wie Indien. Vergleiche ihn mit Deutschland.

Eine andere Sicht der Dinge: anamorphe Karten

Du bist es gewohnt, dass auf Karten – z. B. im Atlas – die Staaten in ihrer „echten" Ausdehnung gezeigt werden. Bei anamorphen Karten ist dies anders. So werden in Abb. 122.1 die Flächen der Gebietseinheiten (hier die Staatsfläche) den statistischen Daten entsprechend (hier die Einwohnerzahl) verzerrt. Erscheint also eine Fläche kleiner als in Wirklichkeit, so liegt ihr statistischer Wert unter dem Durchschnittswert aller Gebietseinheiten. Russland ist beispielsweise das größte Land der Erde (11,5 % der gesamten Landfläche), hat aber mit 142 Millionen Einwohnern nur 2,1 % Anteil an der Weltbevölkerung. Es ist auf der Karte 122.1 also kleiner als in Wirklichkeit dargestellt. Was zeigen dir die Karten B–D auf Seite 123?

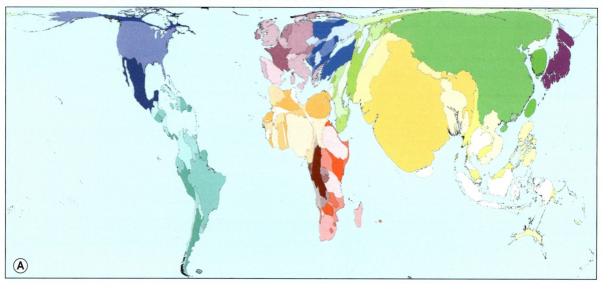

122.1 Die Staaten der Erde nach ihrer Bevölkerung

Lebenserwartung
In dieser Karte ist die Lebenserwartung aller Menschen dargestellt. Ausgangsgröße ist die Bevölkerungszahl und die durchschnittliche Lebenserwartung der im Jahr 2002 geborenen Kinder.
Die höchste Lebenserwartung hatten die Japaner mit 81,5 Jahren, die niedrigste die Menschen in Sambia mit 32,7 Jahren.

Leben mit mehr als 200 US-$
Im Jahr 2002 konnten 53 Millionen Menschen pro Tag einen Betrag ausgeben, der etwa mit 200 US-$ vergleichbar ist. 58 % dieser Menschen leben in den USA.
Die Karte zeigt dies deutlich, denn die Flächen entsprechen jeweils dem Anteil der Einwohner an der Gruppe der Großverdiener.

Untergewichtige Kinder
Die Größenverhältnisse dieser Weltkarte geben den Anteil der untergewichtigen Kinder an der jeweiligen Bevölkerung an.
Es gibt keine Region ohne untergewichtige Kinder, der niedrigste Wert wird mit 1 % in Japan und Chile erreicht. Die Hälfte aller untergewichtigen Kinder lebt in Südasien.

AUFGABEN >>

1. Du hast bereits einiges über die Länder der Welt erfahren. Sicher kannst du die drei Texte den Karten auf Seite 123 zuordnen. Begründe deine Entscheidungen.
2. Suche im Internet unter www.worldmapper.org weitere Karten zu Themen, die Ungleichgewichte auf der Welt darstellen.

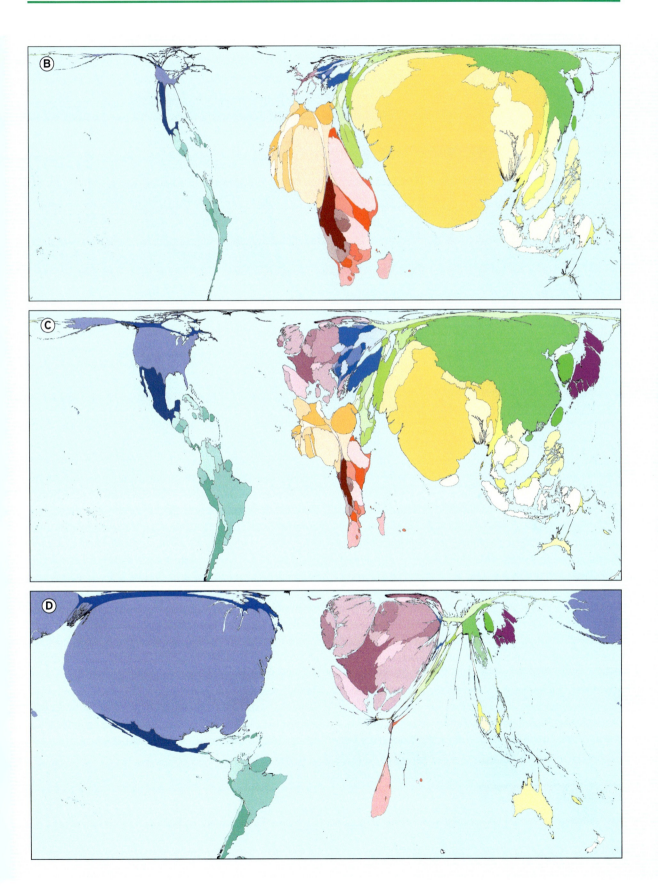

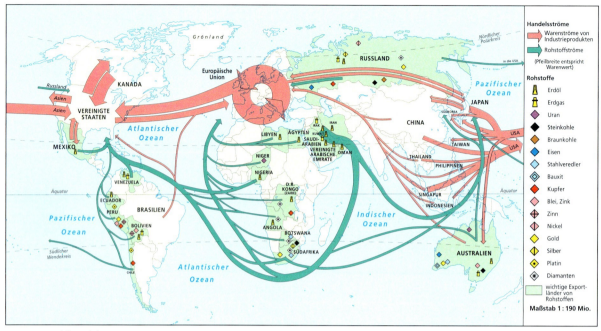

124.1 Welthandelsströme

Weltweiter Handel – Globalisierung

Viele Waren werden heute nicht mehr von Anfang bis Ende in einem Land produziert: Bauteile kommen aus allen Teilen der Welt. Große Konzerne haben Filialen in vielen Ländern der Erde. Wie global, also weltumspannend, die Waren- und Handelsströme sind, ist auf Abb. 124.1 zu sehen. Kaum ein Staat ist autark, kann also ohne wirtschaftliche Güter aus anderen Staaten produzieren. Die Welt entwickelt sich mehr und mehr zu einem einzigen Markt. Das bedeutet harte Konkurrenz zwischen Staaten und Firmen.

Im Wesentlichen werden Rohstoffe und Industrieprodukte gehandelt. Die Industriestaaten importieren hauptsächlich Rohstoffe, aus denen sie Fertigerzeugnisse herstellen. Um die Produktionskosten gering zu halten, wollen sie möglichst wenig für die Rohstoffe bezahlen. Die Rohstoffexportländer nehmen deshalb meist weniger ein, als sie später für die Einfuhr von Fertigwaren ausgeben müssen. Sie können daher nur wenige Waren importieren oder sie müssen sich verschulden.

Im Zuge der Globalisierung übernehmen große Firmen aufgrund ihrer Finanzkraft oft kleinere Betriebe, die sich nicht auf dem Weltmarkt behaupten können. Daraus entwickeln sich Großkonzerne (= Global Players). Immer weniger Betriebe konkurrieren miteinander auf den Weltmärkten. Somit bestimmen auch immer weniger Betriebe den Markt und gewinnen Macht. Solche Großkonzerne haben oft sogar die Möglichkeit, politische Entscheidungen zu beeinflussen: Dies zeigt sich zum Beispiel bei der staatlichen Unterstützung und Rettung von Großunternehmen, die durch Pleiten bedroht sind.

Um neue Märkte zu erschließen und Kosten zu sparen, verlagern viele Konzerne ihre Niederlassungen und Produktionsstätten in „Billiglohnländer", z. B. nach Osteuropa oder eben auch in Entwicklungsstaaten. Die kostenintensiven Bereiche – vor allem Organisation und Vertrieb – werden vom Stammsitz im Industrieland aus gesteuert, wo am Ende meist auch der Gewinn bleibt.

AUFGABEN >>

1. Was ist Globalisierung? Vergleiche dazu auch den Text auf Seite 125. Nenne Gründe, warum die Globalisierung ständig zunimmt.
2. Beschreibe Wege und Umfang wichtiger Handelsströme mithilfe der Karte 124.1. Unterscheide dabei zwischen Roh- und Fertigwaren.
3. Nenne Nachteile, die die Globalisierung mit sich bringt.

Ein Beispiel für die Globalisierung – die „Welt-Zahnbürste"

Die abgebildete elektrische Zahnbürste gibt es in allen Erdteilen zu kaufen. Sie besteht aus 38 Komponenten, die in verschiedenen Ländern gefertigt werden. Weltweit sind bei dem Global Player Philips 4 500 Menschen mit ihrer Entwicklung und Herstellung sowie deren Vertrieb beschäftigt.

Ein Produkt wie diese Zahnbürste muss Geld in die Kasse des Herstellers bringen. Der Konkurrenzkampf um Marktanteile ist hart. So wird ständig überlegt, wie man besser, billiger und schneller werden kann. Deshalb werden Produktionsstätten in Länder mit niedrigen Löhnen verlagert oder die Herstellung bei Misserfolg auch komplett eingestellt.

Die Produktion selbst erfordert logistisches Geschick: Alle Komponenten müssen zeitlich abgestimmt zur Endmontage in die USA geliefert werden. Bis dort alle Teile angekommen sind, haben sie einen Weg von insgesamt 27 880 km zurückgelegt. Täglich verlassen 20 000 Zahnbürsten das Werk. Die Tätigkeiten einiger Mitarbeiter in diesem globalen Puzzle werden im Folgenden vorgestellt:

125.1 Die „Welt-Zahnbürste"

Die Arbeiterin Mary-Ann Cole aus Manila (Philippinen): Wie immer ist sie um 4.25 Uhr aufgestanden. Um 6 Uhr begann ihre Schicht bei Integrated Microelectronics, einem Zulieferer von Philips. Nach Schichtende um 14 Uhr kümmert sich Mary-Ann um den Haushalt, ihre sechs Geschwister und einen Nebenjob, weil der Verdienst nicht ausreicht. Sie ist noch nie zu spät gekommen, war nie krank. Die 16-Jährige ist froh über diese Arbeit, die ihr und ihrer Familie einen wichtigen Teil der Lebenshaltungskosten sichert.

Testingenieur Heindl in Klagenfurt (Österreich): Peter Heindl leitet ein Testlabor und testet z. B. auch elektrische Zahnbürsten auf Herz und Nieren. Sie sollen in der Arktis genau so gut funktionieren wie in der Wüste. Peter Heindl denkt sich ständig neue Belastungstests aus. Sollte ein Fehler auftreten, hätte das Konsequenzen für den Zulieferer. Dieser würde seinen Auftrag verlieren. Harte Tests sichern außerdem den Absatz. Deshalb leistet sich Philips in Klagenfurt teure Kreative mit dem Geld, das in Manila für die Löhne eingespart wird.

Wayne Millage, Chef einer Verpackungsfirma bei Seattle (USA): Er weiß, dass die Verpackung genauso wichtig ist, wie das Produkt selbst. Wayne Millage muss deshalb eine ansprechende Gestaltung entwickeln. Diese soll dem Kunden das Gefühl vermitteln, die Ware kaufen zu „müssen". Laut Werbefachleuten fällt die Kaufentscheidung meist innerhalb von wenigen Sekunden. Deshalb ist die Verpackung für die elektrische Zahnbürste äußerst aufwändig gestaltet: mit sieben verschiedenen Farben, im Metallic-Look und mit Prägedruck.

Der Manager Lim Nam Onn aus Kuala Lumpur (Malaysia): Ein Zwölf-Stunden-Tag geht zu Ende. Auf der Heimfahrt verfasst Lim Nam Onn einen Kurzbericht über seinen Besuch im Zulieferwerk und schreibt E-Mails. Er gehört zu den Gewinnern der Globalisierung. Später will er seinen gut bezahlten Job bei Philips aufgeben und mit einem eigenen Geschäft reich werden.

Vorarbeiter Colley aus Gambia im Endmontagewerk bei Seattle (USA): Er hatte Glück: Seine Eltern konnten ihn zur Schule schicken, später aufs College. Durch ein Stipendium konnte er in den USA studieren. Als Vorarbeiter ist er für rund 75 Arbeiter zuständig. Doch ob es so bleibt, ist fraglich. Eventuell wird die Produktion nach China verlagert, weil dort die Arbeitsstunde deutlich weniger kostet.

AUFGABEN >>

1. Vergleiche die Arbeitsbedingungen der ausgewählten Personen.
2. Welche Überlegungen muss ein Konzern wie Philips anstellen, um ein Erfolgsprodukt herzustellen?

126.1 Auf der Safari

Tourismus – Chance oder Fluch für Entwicklungsländer?

Verbringen Sie die schönsten Wochen des Jahres in Kenia!

Mombasa teilt die 500 Kilometer lange Küste Kenias in einen Nord- und Südabschnitt. Zwischen weitläufigen Plantagen liegen kleine einsame Buchten mit weißem Sand und Palmen vor blauem, klarem Meer und Korallenfelsen.

Die Küste lockt Urlaubsgäste mit ihrer fantastischen Unterwasserwelt und traumhaft weißen Palmenstränden, die durch Felsnasen in Buchten unterteilt sind. Ausgedehnte Strandspaziergänge sind deshalb nur bei Ebbe möglich. Unbedingt lohnt ein Besuch der „National Marine Parks" vor der Küste Malindis. Von Glasbodenbooten aus oder auch mit Schnorchel und Taucherbrille kann man die prächtigen Korallenbänke und bunt schillernde Fische beobachten.

Viele der Dörfer und Siedlungen bestehen schon seit mehr als 1 000 Jahren. Die zweitgrößte Stadt Kenias, Mombasa, war schon immer das östliche Tor zu Schwarzafrika. Tauchen Sie ein in die vielfältige Geschichte dieses beeindruckenden Fleckchens Erde. Erleben Sie Elefanten und Löwen in ihrem ursprünglichen Lebensraum und nehmen Sie unvergessliche Eindrücke mit nach Hause, um die Sie Ihre Freunde beneiden werden.

126.2 Aus einem Reiseprospekt

Tourismus in Entwicklungsländern

Die meisten Menschen denken bei der Urlaubsplanung vor allem darüber nach, welches Klima sie erwartet. Doch nur wenige machen sich darüber Gedanken, ob ihr Urlaub der besuchten Region Vorteile bringt oder nicht. Exotische Orte werden immer beliebter. Denn von Ländern, in die nicht jeder reist, kann man zu Hause etwas erzählen. So nimmt auch der Tourismus in den Entwicklungsländern zu.

Hotelanlagen sind dort oft das Eigentum europäischer Unternehmen. Nur diese können das Kapital aufbringen, das für den Bau der luxuriösen Anlagen notwendig ist, die den Ansprüchen der Europäer genügen. Auch in den Chefetagen und Abteilungsleitungen ist die Zahl der einheimischen Arbeitskräfte gering. Diese arbeiten höchstens als Zimmermädchen, Kellner oder Küchenhilfen und erzielen in den touristischen Zentren oder Safariparks oft nur in der Hauptsaison ein relativ geringes Einkommen bei langen Arbeitszeiten.

Viele Urlauber möchten etwas erleben und wollen die Welt kennen lernen. Sie denken aber weniger darüber nach, ob die Hotelanlagen (vor allem in Afrika) in Gebieten liegen, in denen eine durchgehende Wasserversorgung gewährleistet werden kann. Der Tourist möchte meist zweimal am Tag duschen und bekommt jeden zweiten Tag ein sauberes Handtuch. Während die Bevölkerung oft kilometerweit zur nächsten Quelle marschieren muss, erwartet der Tourist fließendes Wasser.

127.1 *Touristenhotel*

127.2 *Souvenirverkauf*

Auch Müll und Abwasser sind ein Problem. Die Kosten für die Kläranlagen und Müllkippen müssen oft von den Staaten und nicht von den Bauherren der Hotels aufgebracht werden. Das Geld, das hierbei verbraucht wird, fehlt dann anderswo. Doch oft mangelt es völlig an Entsorgungs- und Recyclingmöglichkeiten. Enorme Umweltprobleme sind die Folge.

Die pompös ausgestatteten Hotelburgen können Neid und Missgunst unter der einheimischen Bevölkerung hervorrufen – was dazu führt, dass viele Anlagen durch Stacheldrahtzaun und Security vor den Einheimischen abgeschirmt und geschützt werden. In den Touristenzentren nimmt neben der Kriminalität auch die Prostitution enorm zu. Ein besonderes Problem sind dabei die etwa 1,5 Mio. Aids-Infizierten in Kenia, die mit dem Virus auch unvorsichtige Europäer anstecken.

127.3 *Touristen in einem Dorf der Massai*

Konkrete Folgen für Kenia

Obwohl sich der Dienstleistungsbereich heute zur wichtigsten Devisenquelle Kenias entwickelt hat, bringt der Tourismus dem Land etliche negative Auswirkungen:

Die vielen Safarifahrten in die Wildgebiete am frühen Morgen oder späten Abend verwandeln die Savannen in Staubkessel. Die Vegetation ist bereits an vielen Stellen zerstört. Die Wildtiere zeigen bereits ein verändertes Verhalten, da sie sich an ihre Beute nicht mehr anpirschen können, ohne dass ihnen eine Zuschauerhorde auf den Fersen ist.

Die Überfremdung durch eine hohe Zahl an Auslandsgästen beeinflusst Sitten und Gebräuche des Landes. Manche Bevölkerungsgruppen, z. B. die Massai, werden regelrecht vom Tourismus überrollt. Häufig dienen ihre Dörfer als Kulisse für Reisegruppen auf der Suche nach exotischen Fotomotiven. Die ursprünglich rituellen Tänze und Zeremonien der Massai ziehen zwar Touristen in den Bann, sie entwickeln sich aber zu Theatervorstellungen, die jederzeit aufgeführt werden.

Zudem wird den Afrikanern durch die Touristen oft ein falsches Bild von Europa suggeriert: Die Einheimischen wissen nicht, dass die Urlauber für ihre Ferien meist hart arbeiten und sparen müssen. Sie sehen nämlich nur die faulenzenden Urlauber, die sich rund um die Uhr bedienen lassen.

Die Urlauberzahlen sind auch von der Stabilität im Land abhängig. Denn bei politischen Krisen bleiben die Gäste schnell aus. So kam es 2008 durch blutige Unruhen in Kenia zu schweren Einbußen. Der Tourismus ist also eine sehr unzuverlässige Einnahmequelle.

AUFGABEN >>

1. *Nenne Faktoren, die Entwicklungsländer wie Kenia als Urlaubsland interessant machen.*
2. *Erstelle eine Liste mit Vor- und Nachteilen des Tourismus für Entwicklungsländer.*
3. *Wer verdient vor allem am Tourismus? Erkläre, warum das so ist.*

128.1 Teufelskreis der Armut

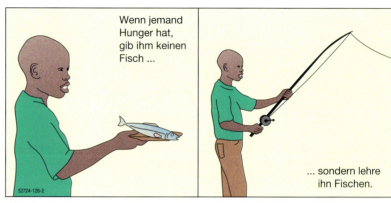

128.2

Entwicklungshilfe – Hilfe zur Selbsthilfe

Die Bedeutung des Begriffs „**Entwicklungshilfe**" steckt bereits im Wort: Es geht um Hilfe für einen Staat, sich wirtschaftlich zu entwickeln. Diese Hilfe wird benötigt, da das Land dazu nicht selbst in der Lage ist, weil die finanziellen Voraussetzungen oder das Know-how fehlen.

Wer hilft auf welche Art?

In der Regel unterstützen die Regierungen von Industriestaaten Entwicklungsländer mit Krediten oder mit der Entsendung von Spezialisten. Diese helfen, eine funktionierende Landwirtschaft, Industrie oder Infrastruktur aufzubauen. Oft geht es aber zunächst darum, den Menschen vor Ort das Notwendigste zu liefern, damit sie ihre Grundbedürfnisse (> S. 118) befriedigen können.
Daneben gibt es halbstaatliche, kirchliche oder private Organisationen, die durch Spenden und Aktionen die Lebensumstände in den Entwicklungsstaaten verbessern wollen.

Welche Organisationen helfen von Deutschland aus?

Weltweit agieren die Unterorganisationen der Vereinten Nationen (UN) in verschiedenen Bereichen. Die UNICEF ist beispielsweise das Kinderhilfswerk. Natürlich gibt es auch deutsche Büros, die im Auftrag dieser Organisation handeln.

Von staatlicher Seite ist das Bundesministerium für wirtschaftliche Zusammenarbeit und Entwicklung (BMZ) zuständig. Laut der offiziellen Homepage ist dessen Ziel eine Welt ohne Armut, gewaltsame Konflikte und ökologische Zerstörung. Weiterhin helfen karitative Einrichtungen. Auch du kannst Entwicklungshilfe leisten. Indem du zu fair gehandelten Produkten wie Schokolade oder Tee greifst, leistest du einen kleinen, aber nicht unbedeutenden Beitrag zur Verbesserung der Lebensumstände in Entwicklungsstaaten.

Ist jede Art von Entwicklungshilfe sinnvoll?

Dass manche Staaten aufgrund der ungünstigen klimatischen oder wirtschaftlichen Bedingungen Unterstützung benötigen, ist unumstritten. Die Maßnahmen sollte man jedoch gut durchdenken. Einem Staat nur Geld zukommen zu lassen, ist meist der falsche Weg. Manchmal verschwindet das Geld in dunklen Kanälen oder die Regierung kauft Waffen statt in landwirtschaftliche Projekte und die Bildung seiner Bürger zu investieren. Gerade Investitionen in die Bildung, z. B. das Bauen von Schulen, rechnen sich langfristig. Nur gebildete Menschen sind dauerhaft in der Lage, ihre Situation zu ändern. Dies gilt besonders für Mädchen, die in den Entwicklungsländern stärker benachteiligt sind als Jungen.

AUFGABEN >>

1. Beschreibe in eigenen Worten, was man unter Entwicklungshilfe versteht. Auf welche Art wird den Staaten geholfen?
2. Informiere dich im Internet auf den Seiten der BMZ über aktuelle Projekte und stelle eines davon in einem Kurzreferat der Klasse vor.
3. Nenne Möglichkeiten, wie auch du einem Entwicklungsland helfen könntest.

Prominente als „Botschafter der Guten Sache"

Es gibt eine Reihe von Persönlichkeiten des öffentlichen Lebens, die sich für die ärmsten der Armen engagieren. Sie rufen zu Spenden auf, helfen vor Ort und bringen den Organisationen die öffentliche Aufmerksamkeit, die diese brauchen. Dies tun sie meist ehrenamtlich. Sie spenden Geld, opfern Zeit und geben so etwas vom eigenen Glück weiter. Natürlich bringt das auch positive Presse, aber den meisten geht es wirklich darum zu helfen, wie die folgenden Beispiele zeigen sollen.

Menschen für Menschen
Was 1981 mit einer Wette in der ZDF-Sendung „Wetten, dass …?!" begann, mauserte sich in den folgenden Jahren zu einer erfolgreichen Hilfsaktion. Der Schauspieler Karlheinz Böhm wettete damals, dass „nicht jeder dritte Zuschauer" der Sendung „eine Mark, einen Franken oder sieben Schilling für die notleidenden Menschen in der Sahelzone spendet." Er gewann diese Wette, sammelte so 1,2 Millionen DM, mit denen er seine Organisation „Menschen für Menschen" gründete. Sie errichtet in Äthiopien Bewässerungsanlagen, entsendet Landwirtschaftsberater, die den Einheimischen eine nachhaltige Landwirtschaft nahebringen sollen, und baut Schulungszentren. Zur Arbeit gehören ebenso Frauenförderung und gesundheitliche Aufklärung. Die Organisation kämpft auch gegen die Beschneidung der Mädchen und die Kinderheirat. Durch die Organisation haben sich die Lebensbedingungen im Trockengebiet Äthiopiens enorm verbessert.
Für den inzwischen über 80-jährigen Karlheinz Böhm ist eine neue „Botschafterin" bereits gefunden: Die aus Äthiopien stammende Sara Nuru, „Germany's next Topmodel"-Gewinnerin 2009, wird seine Arbeit fortführen.

Angelina Jolie als Botschafterin der UNHCR
Die Vereinten Nationen können auf eine lange Liste von Botschaftern stolz sein, die sich für die verschiedensten Regionen der Welt sowie für die unterschiedlichsten Angelegenheiten engagieren.
Eine davon, die sich besonders für die UN-Flüchtlingswerke, kurz UNHCR, engagiert, ist die Schauspielerin Angelina Jolie. In Kontakt mit humanitären Problemen kam sie erstmals beim Dreh zu ihrem Film „Tomb Raider" im verminten Kambodscha. In den Monaten danach besuchte sie verschiedene Flüchtlingslager und spendete selbst eine Million US-Dollar.
2001 wurde sie Sonderbotschafterin der UNHCR. Seither ist sie in allen Teilen der Welt in Lagern anzutreffen, um „auf deren menschenunwürdige Situation hinzuweisen". Sie unterstützt daneben ein Gesetz zum Schutz von jugendlichen Asylbewerbern und war an der Gründung einer Organisation beteiligt, die minderjährige Asylbewerber, die ohne ihre Eltern in die USA einreisen, kostenlos vor Gericht vertritt.
Außerdem spendet die Schauspielerin immer wieder hohe Summen für Organisationen wie „Ärzte ohne Grenzen".

Die Liste der prominenten Helfer ließe sich noch fortführen. So unterstützt Salma Hayek besonders Sierra Leone, George Clooney setzt sich für den Sudan ein. U2-Leadsänger Bono und Bob Geldof sammeln durch Konzerte immer wieder Geld für ihre Organisation ONE, die die Unterernährung bekämpfen will. Auch königliche Entwicklungshelfer gibt es: So leitet Prinz Harry von Großbritannien in Gedenken an seine Mutter Prinzessin Diana eine Stiftung, die sich um Aidswaisen in Lesotho kümmert.

AUFGABE >>>

Sucht im Internet weitere prominente Helfer und beschreibt deren Engagement. Erstellt in der Klasse mithilfe der gefundenen Informationen eine Wandzeitung.

Armut – Nur ein Thema in Entwicklungsländern?

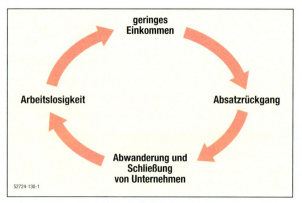

130.1 Beispiel eines Armutskreislaufes in einem Industrieland

Wer gilt bei uns als arm?
Als arm gilt in der Regel, wer seine Grundbedürfnisse (> S. 116) nicht befriedigen kann. Bei uns in Deutschland ist dies allerdings nicht unbedingt das Problem.
Das Hauptkriterium für Armut ist bei uns das Nettoeinkommen. Für jeden Staat lässt sich ein durchschnittliches Pro-Kopf-Einkommen errechnen. Wer weniger als 60 % dieses Wertes monatlich zur Verfügung hat, gilt als armutsgefährdet, wer weniger als die Hälfte dieses Wertes verdient als arm. Jedes Jahr gibt die Bundesregierung den Armutsbericht heraus, der diesen Wert je nach Preisniveau neu festlegt. Dabei muss natürlich auch die Familiengröße berücksichtigt werden. So lag 2008 die Einkommensgrenze für Alleinerziehende mit einem Kind bei 994 €, die einer Familie mit zwei Kindern bei 1 835 €. Besonders häufig sind Alleinerziehende, kinderreiche Familien und Rentner von Armut betroffen.

130.2 Armut in Deutschland: Obdachloser

Was wird bei uns gegen Armut getan?
Deutschland ist ein Sozialstaat. Das bedeutet, dass staatliche Einrichtungen und Maßnahmen verhindern sollen, dass jemand in Armut leben muss. Durch das sogenannte soziale Netz sind viele Armutsrisiken abgesichert. Jeder Arbeitnehmer zahlt in die Kranken-, Arbeitslosen-, Renten- und Pflegeversicherung ein und kann z. B. folgende Leistungen erhalten:
- monatliches Kindergeld ab dem ersten Kind
- Beihilfen für die Ausbildung (BAföG = Bundes-Ausbildungs-Förderungsgesetz)
- Elterngeld für das erste Lebensjahr des Kindes (67 % des letzten Nettogehaltes, maximal 1800 €)
- Arbeitslosengeld I und II (Hartz IV)
- staatliche Rente mit Förderung (Riester-Rente)
- Wohngeld
- Witwen- und Waisenrente
- Förderung von Existenzgründungen

Diese Leistungen reichen aber vielen Familien trotzdem nicht für ein selbstbestimmtes Leben. Dann können karitative Einrichtungen helfen, die oft zur Kirche gehören. Daneben gibt es noch Vereine und Stiftungen, die Bedürftige, z. B. nach Schicksalsschlägen, unterstützen. In größeren Städten gibt es soziale Einkaufsmöglichkeiten oder Gebrauchtwarenkaufhäuser, wie das „Kaufhaus Regenbogen" in Bayreuth oder „das Sozialkaufhaus" in Wasserburg am Inn. Für manche braucht man einen Berechtigungsschein vom Arbeits- oder Sozialamt. Man kann in diesen Einrichtungen Möbel, Haushaltswaren, Elektrogeräte oder Kleidung günstig erstehen.
Kinder leiden oft besonders unter der Armut ihrer Eltern. Kinder- und Jugendhilfswerke wie „Die Arche" bieten kostenlosen Mittagstisch, Nachhilfe und Aktivitäten für die Jungen und Mädchen. Fünf Archen gibt es mittlerweile deutschlandweit, eine davon in München. Vier weitere sind in Planung. Der Bedarf ist da.

AUFGABEN >>

1. Erkläre in eigenen Worten, wer bei uns als arm gilt.
2. Überlege, wie es in Industrieländern zu Armut kommen kann, und erstelle einen eigenen Armutskreislauf (vgl. Abb. 130.1).
3. Sucht Zeitungsausschnitte, die von sozialem Engagement in eurer Heimatregion berichten und stellt sie der Klasse vor. Gestaltet damit eine Wandzeitung.

Soforthilfe, die ankommt

Die Arbeit der „Tafeln e.V."
Seit 1995 gibt es die „Tafeln e.V.". Dieser Verein unterstützt Menschen in Not mit Lebensmitteln. Der Hauptsitz des Vereins ist in Berlin. Von dort aus werden die 800 regionalen Tafeln, die es in ganz Deutschland gibt, geleitet und betreut.
Auch in Kulmbach (Oberfranken) gibt es eine solche Einrichtung. Mit der dortigen Vorsitzenden, Elfriede Höhn, haben wir ein Gespräch geführt:

Frau Höhn, wer kommt zu Ihnen?
Es kommen nicht nur – wie man meinen könnte – Hartz-IV-Empfänger zu uns, sondern auch Menschen, denen ihr Einkommen schlichtweg nicht ausreicht. In Zeiten von Leiharbeitsfirmen, bei denen der Stundenlohn um die 7 € liegt, sind das nicht wenige. Bedürftig sind überwiegend Familien mit Kindern, aber auch Alleinstehende.

Wer darf bei Ihnen einkaufen?
Jeder, der einen Berechtigungsausweis der Diakonie oder der Caritas vorlegen kann. Diesen Ausweis bekommt man, wenn das Einkommen unter einem bestimmten Wert liegt. Dieser ist regional sehr unterschiedlich. Er hängt zum Beispiel davon ab, wie hoch in der Stadt das Mietniveau ist. In München liegt also die Einkommensgrenze höher als bei uns in Kulmbach. Über unsere Kunden führen wir Listen, auch darüber, wie viele Personen im Haushalt leben. Alle drei Monate muss überprüft werden, ob der Bedarf noch besteht. Das macht dann wieder zum Beispiel die Diakonie, wo sich die Bedürftigen einen neuen Schein holen müssen.

Was verteilen Sie genau an die Menschen?
Überwiegend Lebensmittel, die von großen Ladenketten zur Verfügung gestellt werden. Die Sachen stehen häufig kurz vor dem Verfallsdatum oder sind sonst irgendwie übrig geblieben, beispielsweise Saisonartikel. Abgelaufene Ware verteilen wir grundsätzlich nicht. Eine Tüte Lebensmittel kostet dann 1 € für Singles oder 1,50 € für Familien, da ist dann auch ein bisschen mehr drin. Bei manchen Tafeln sind die Lebensmittel auch ganz umsonst.

Wie kommen Sie an die Spender heran?
Manche sprechen uns oder den Bundesverband in Berlin direkt an, darüber sind wir sehr froh. Die Tafeln sind ja ein bekannter Verein und die Firmen wissen, dass die Hilfe direkt bei den Menschen ankommt. Oft ist es aber sehr mühsam, an neue Spender heranzukommen. Das ist regional sehr unterschiedlich. Ein Vorteil für die Spender ist es unter anderem, dass sie die Ware nicht selbst entsorgen müssen – was sehr teuer sein kann. Aber wir sind nicht nur auf Lebensmittelspenden für die

131.1 Frau Höhn (links) mit ihren Mitarbeitern

zweimal wöchentlich stattfindenden Verteilungen angewiesen. Wie jeder Verein benötigen wir auch finanzielle Mittel. So kann man uns bei einem großen Discounter sein Flaschenpfand spenden, frei nach dem Motto „Jeder gibt, was er kann." Ein bekannter deutscher Automobilclub unterstützt uns auch mit einer kostenlosen Mitgliedschaft. Das ist sehr hilfreich, wenn unsere Fahrzeuge mal liegen bleiben.

Wie viele Menschen helfen denn derzeit in Kulmbach mit?
Rund 80 überwiegend ehrenamtlich Tätige. Ab und zu inserieren wir in der Zeitung, wenn wir „Nachwuchs" suchen. Auch ich bin so zu den „Tafeln" gekommen.

Können Sie feststellen, ob der Bedarf gestiegen ist?
Auf jeden Fall. Das kann man an der Zahl der Berechtigungsausweise sehen: 2004 haben wir mit 60 Ausweisen angefangen. Mittlerweile, gut fünf Jahre später, sind wir bei 160 Stück.

Vielen Dank für das Gespräch, Frau Höhn, und weiterhin viel Erfolg bei Ihrer Arbeit.

AUFGABEN >>

1. Beschreibe mit deinen eigenen Worten die Arbeit der „Tafeln".
2. Suche mithilfe des Internets „Tafeln" in deiner Umgebung sowie in ganz Bayern. Trage diese dann in eine Karte ein.

Agrobusiness (Agribusiness, S. 30, 32): (zusammengesetzt aus engl. *agriculture* und *business*) Organisations- und Produktionsform der Landwirtschaft mit den Methoden der Industrie. Solch ein verzweigtes Produktionssystem umfasst vom Rohstofflieferanten bis hin zum Endverbraucher alle, die an der Erzeugung von Nahrungsmitteln beteiligt sind. Dazu gehören sowohl die Erzeugung bzw. der Einkauf von Futtermitteln, Saatgut, Zuchtvieh, Dünge- und Pflanzenschutzmitteln als auch die rationelle Erzeugung der Agrarprodukte und der Lebensmittelhandel.

Angloamerika (S. 9): Der Teil Nordamerikas, in dem der überwiegende Teil der Bevölkerung Englisch spricht. Angloamerika besteht aus den zwei Staaten Kanada und USA.

einzudämmen. Hierzu gehören das Anpflanzen von Waldschutzstreifen oder ein der Landschaftsform angepasster Streifenanbau.

Bodenreform (S. 42): Bündel von Maßnahmen zur Verbesserung der Lebensbedingungen im ländlichen Raum. Dabei kann beispielsweise der Bodenbesitz umstrukturiert werden (Landreform), oder aber die Bewirtschaftungsstruktur reformiert werden.

132.1 Badlands

132.2 Bodenversalzung

Badlands (S. 31): Nordamerikanische Bezeichnung für eine extreme Erosionslandschaft in ariden und halbariden Gebieten, die durch Rillen, Furchen und Schluchten geprägt sind. → Bodenerosion

Bevölkerungspolitik (S. 103): Umfasst politische Maßnahmen zur Beeinflussung der Bevölkerungszahl, bes. zur Eindämmung der durch ein starkes Bevölkerungswachstum entstandenen Probleme (z. B. Hunger, Armut, Arbeitslosigkeit). Die entsprechenden Maßnahmen zielen darauf ab, ein weiteres Ansteigen der Bevölkerung zu vermeiden, beispielsweise in Form von Aufklärungskampagnen, Entwicklungshilfe oder Familienplanung (z. B. „Ein-Kind-Politik" in China).

Blizzard (S. 14): Starker Schneesturm in Nordamerika infolge eines kräftigen Kaltlufteinbruchs aus Norden bis Nordwesten, der mit extremer Kälte einhergeht.

Bodenerosion (S. 95): Abtragung des Bodens durch Wasser und Wind, wenn die schützende Pflanzendecke zerstört ist. Sie wird häufig vom Menschen, z. B. durch unsachgemäße Rodung oder durch Überweidung, ausgelöst. Mit verschiedenen Maßnahmen zum Bodenschutz wird versucht, die Bodenerosion

Bodenversalzung (S. 33): Im Boden aufsteigendes Grundwasser führt gelöste Salze mit nach oben. Nach der Verdunstung des Wassers bleibt Salz zurück und bildet auf der Bodenoberfläche oft eine Salzkruste. Bodenversalzung tritt bei Bewässerungslandwirtschaft auf, vor allem in ariden (trockenen) Gebieten.

Bruttoinlandsprodukt (BIP, S. 118) Das Bruttoinlandsprodukt bezeichnet die Summe aller im Inland erwirtschafteten Werte von Gütern und Dienstleistungen, die innerhalb eines Jahres erbracht werden. Das BIP pro Kopf benutzt man zum weltweiten Vergleich des Wohlstandes der Staaten.

Central Business District (CBD, S. 22): Englische Bezeichnung für die Konzentration von Handel und Dienstleistungen im Zentrum einer größeren Stadt.

Entwicklungshilfe (S. 128): Unterstützung wirtschaftlich gering entwickelter Länder durch wohlhabende Staaten und Organisationen. Heute wird oft der Begriff Entwicklungszusammenarbeit verwendet, um zu betonen, dass es sich nicht um eine einseitige Hilfe, sondern um eine Zusammenarbeit handelt.

Entwicklungsland (S. 120): Als Entwicklungsland gilt ein Land, in dem das Pro-Kopf-Einkommen unter 500 US-$ pro Jahr liegt. Weitere Maßstäbe sind das Sozialprodukt und die wirtschaftliche Leistungsfähigkeit. Merkmale vieler Entwicklungsländer sind: hohes Bevölkerungswachstum, niedriger Lebensstandard, mangelhafte Infrastruktur, viele Analphabeten. Viele Entwicklungsländer besitzen zwar bedeutende Rohstoffvorkommen, haben jedoch nicht die Möglichkeiten (Mangel an Geld, Know-how, Infrastruktur), diese zu verarbeiten. Meist waren Entwicklungsländer früher Kolonien europäischer Mächte.

Erdbeben (S. 104): Da die Erdplatten ständig in Bewegung sind, entstehen Spannungen, wenn die Erdplatten aneinander reiben oder sich verhaken. Löst sich die Spannung, so entsteht ein Beben. Diese Erschütterungen dauern oft nur wenige Sekunden. Einstürzende Gebäude, aber auch Erdrutsche, Schlammfluten und Risse in der Erdoberfläche können die Folgen sein.

Familienplanung (S. 71): Maßnahmen, die darauf abzielen, durch Geburtenregelung die Kinderzahl den wirtschaftlichen und sozialen Verhältnissen der Eltern anzupassen. Dies geschieht z. B. durch Aufklärungskampagnen oder Familienplanungsprogramme. Verhütungsmittel und Verhütungstechniken sollen die hohe Geburtenzahl dauerhaft senken.

Farm (S. 31): Amerikanische bzw. englische Bezeichnung für einen landwirtschaftlichen Betrieb.

Favela (S. 48): Bezeichnung für die Elendsviertel in Brasilien. Sie bestehen meist aus einfachen Baracken.

133.1 Favela in Rio de Janeiro

Feedlot (S. 32): Ein Stück Land, auf dem Vieh in Pferchen unter freiem Himmel, auch unter Sonnenschutzdächern, gehalten und gemästet wird. Die offenen Ställe sind mit arbeitssparenden technischen Einrichtungen zur Fütterung des Viehs und zur Dungbeseitigung ausgestattet. Feedlots sind ein typisches Beispiel für Massentierhaltung.

Freie Marktwirtschaft (S. 20, 26): Wirtschaftsordnung mit einem reinen Wettbewerbsprinzip ohne Monopole und mit vielen Anbietern. In einer solchen Wirtschaftsordnung verhält sich der Staat in Bezug auf die Wirtschaft weitgehend passiv.

Getto (S. 24): Stadtviertel, in dem eine bestimmte Bevölkerungs- oder kulturell geprägte Gruppe freiwillig oder gezwungen von anderen Menschen abgetrennt lebt. Ursprünglich Bezeichnung für behördlich erzwungene jüdische Wohnviertel.

Globalisierung (S. 26, 124): Bezeichnung für die weltweite Durchdringung von Märkten. Sie wird vor allem bewirkt durch die zunehmende Bedeutung der internationalen Finanzmärkte, den Welthandel sowie die internationale Ausrichtung von Unternehmen und wird begünstigt durch neue Kommunikationstechniken.

Grüne Revolution (S. 77): Maßnahmen, um die landwirtschaftliche Produktivität vor allem in den Entwicklungsländern zu steigern.

Hinduismus (S. 82): Weltreligion, die vor ca. 3000 Jahren in Vorderindien entstanden ist. Kennzeichnend ist vor allem die Vorstellung von der Wiedergeburt und die enge Verbindung zum Kastensystem.

Hispanics (S. 17, 24): US-Amerikanische Bevölkerungsgruppe aus lateinamerikanischen Herkunftsländern. In der Industrie und in der Landwirtschaft dienen die Hispanics häufig als billige Arbeitskräfte.

Hurrikan (S. 15): Tropischer Wirbelsturm im Bereich des Karibischen Meeres und des Golfs von Mexiko. Hurrikans entstehen bei Wassertemperaturen von über 27 °C in der Nähe des Äquators und ziehen in gebogener Bahn über die Karibik in die südöstlichen Gebiete Nordamerikas.

Industrieland (S. 119): Hoch entwickelter Staat, dessen Bevölkerung überwiegend in der Industrie, im Handel oder Dienstleistungsbereich beschäftigt ist. Das Pro-Kopf-Einkommen liegt in Industrieländern meist bei über 15000 US-$ im Jahr.

Kaste (S. 82): Bedeutet so viel wie „Unvermischtes" und bezeichnet die unterschiedlichen sozialen Stände in der indischen Gesellschaft. Die Zugehörigkeit zu

einer Kaste resultiert aus der Geburt. Man wird in eine Kaste hineingeboren. Damit werden der gesellschaftliche Rang und auch der Beruf festgelegt.
Kulturerdteil (S. 9, 41): Großräume, die hinsichtlich ihrer kulturellen Prägung eine gewisse Einheitlichkeit aufweisen.
Landflucht (S. 44, 97): Abwanderung der ländlichen Bevölkerung in die Städte. Hinter der Land-Stadt-Wanderung steht die Hoffnung auf bessere Lebensverhältnisse.
Lateinamerika (S. 40): Begriff für die amerikanischen Länder südlich der USA. Der Name leitet sich von den zur lateinischen Sprachfamilie gehörigen Sprachen Spanisch und Portugiesisch ab, die hier gesprochen werden.

134.1 Lössablagerungen

Löss (S. 95): Ein durch Wind verwehter Staub, der während der Eiszeiten aus den Moränen und Schotterfeldern ausgeweht wurde und sich am Rande von Gebirgen ablagerte. Auf dem Löss bildeten sich äußerst fruchtbare Böden, die sich hervorragend für die Landwirtschaft eignen.
Manufacturing Belt (S. 27): Industrieraum; erstreckt sich von der nördlichen Atlantikküste der USA über mehr als 1 000 Kilometer bis zum Mississippi (bei einer Nord-Süd-Ausdehnung von 400 bis 500 Kilometern).
Melting pot (S. 16): (engl. Schmelztiegel) Beschreibt in der Sozialwissenschaft die Anpassung und die Integration von Einwanderern an die Kultur eines Landes.
Metropole (S. 78, 84): Politisches, wirtschaftliches und kulturelles Zentrum eines Landes.
Mobilität (S. 18): Die Beweglichkeit ist von „mobil" (lat.: mobilis = beweglich) abgeleitet und beschreibt ein wichtiges Merkmal menschlicher Kultur. Je nach Zusammenhang hat die Mobilität folgende Bedeutungen: Die räumliche Mobilität gibt die Beweglich-

keit von Personen und Gütern im geographischen Raum an. Die soziale Mobilität ist im vertikalen Sinne durch einen Auf- oder Abstieg in der Gesellschaft gekennzeichnet; bei der horizontalen Mobilität kommt es zu einem Wohnort- oder Arbeitsplatzwechsel ohne Auf- oder Abstieg.
Monokultur (S. 56): Form der Bodenbewirtschaftung, bei der immer die gleichen Feldfrüchte angebaut werden. Um die Erträge bei Monokulturen zu sichern, muss, da der Boden ständig Nährstoffe verliert, stärker gedüngt werden. Außerdem sind die Pflanzen gegen Schädlinge besonders anfällig.
Monsun (S. 74): Beständig wehender Wind, der im jahreszeitlichen Wechsel seine Richtung ändert. Er weht im Sommer vom Meer zum Land (aus Südwest), im Winter vom Land zum Meer (aus Nordost). Der Monsun kommt vor allem im Gebiet des Indischen Ozeans vor. Er wird im Sommer insbesondere in Indien und Indonesien in der Regel von schweren Regenfällen begleitet.
Multinationale Konzerne („Global Players", S. 59): In mehreren Staaten und oft weltweit operierende und auch produzierende Großunternehmen (Konzerne), wie die „Bananenmultis" in Mittelamerika. Trotz ihres Beitrags zur Ausweitung des Welthandels umstritten wegen der wirtschaftlichen Machtkonzentration mit möglicher politischer Einflussnahme und Wettbewerbsverzerrung.
Plantage (S. 56): Landwirtschaftlicher Großbetrieb, vor allem im Bereich der Tropen. Auf riesigen Flächen wird zumeist nur ein landwirtschaftliches Produkt (z. B. Bananen, Kaffee) für den Weltmarkt angebaut. Auch die Weiterverarbeitung des Produktes erfolgt meist auf der Plantage.

134.2 Schädlingsbekämpfung auf einer Bananenplantage

Pull-Faktoren (S. 45): Beeinflussen wie die → Push-Faktoren das Wanderungsverhalten der Bevölkerung. Die Motive dieser Wanderungsbewegung sind in den attraktiver erscheinenden Lebensbedingungen des Zielgebietes begründet. Die Menschen erhoffen sich dort z. B. eine Erhöhung ihres Lebensstandards, bessere medizinische Versorgung oder Arbeitsplätze.

Push-Faktoren (S. 45): Faktoren, die große Teile der meist ländlichen Bevölkerung dazu veranlassen, in die Städte abzuwandern. Die Motive der Abwanderung sind in den unzureichenden Existenzbedingungen auf dem Land begründet (z. B. geringes Einkommen, Hunger, Arbeitslosigkeit).

Schwellenland (S. 121): Ein Schwellenland ist ein Entwicklungsland, das an der Schwelle zur Industrialisierung steht. Das → BIP dieser Staaten übersteigt meist 500 US-$ pro Person und Jahr. Zu den Schwellenländern zählen beispielsweise Brasilien, Südafrika, Indien oder China.

Segregation (S. 24): Die räumliche Trennung von ethnischen oder sozialen Bevölkerungsgruppen in Städten.

Sonderwirtschaftszone (S. 97): Abgegrenztes Gebiet, in dem auch ausländische Unternehmen zu günstigen Bedingungen, wie z. B. Steuererleichterungen, produzieren können.

Standortfaktor (S. 27, 78): Einflussgrößen, die bei der Auswahl eines Standortes für Unternehmen eine wichtige Rolle spielen. Aufgrund der Bewertung der Standortfaktoren wird die Entscheidung über den Standort getroffen. Zu den Standortfaktoren zählen die Verkehrslage, das Lohnniveau, das Angebot an Fachkräften oder die Nähe zum Absatzmarkt.

Suburb (S. 23): Amerikanische Bezeichnung von weitflächigen Vorortsiedlungen, die als reine Wohngebiete genutzt werden. Suburbs entstanden durch Wegzug wohlhabender Schichten aus Innenstädten in das nahe Umland.

Sunbelt (S. 28): Wirtschaftsregion im Süden der USA zwischen Florida und Kalifornien, die seit Ende des 2. Weltkriegs einen starken wirtschaftlichen Aufschwung, vorwiegend zukunftsorientierter Industrien, aufweist.

Taifun (S. 104): Tropischer Wirbelsturm der ostasiatischen Gewässer.

Tornado (S. 14): Zerstörerischer Wirbelsturm, der sich auf dem Festland fortbewegt. Tornados haben einen Durchmesser von wenigen 100 Metern, eine kurze Lebensdauer rund treten vor allem im Mittleren Westen der USA auf.

Übervölkerung (S. 102): Missverhältnis zwischen der Einwohnerzahl eines Raumes und den ungenügenden Möglichkeiten diese Bevölkerung angemessen zu ernähren, zu beherbergen oder zu versorgen.

Vulkan (S. 104): Meist kegelförmiger Berg, der aus einem Krater Gas, Lava, Gesteinsbrocken und Asche ausstößt. Ein Schichtvulkan besteht aus sich abwechselnden Asche- und Lavaschichten, der flachere Schildvulkan entsteht durch gleichmäßiges, weitflächiges Abfließen von dünnflüssigen Lavaströmen.

Wanderarbeiter (S. 97): In China ziehen Millionen von Frauen und Männern vom Land in der Hoffnung auf Arbeitsplätze in die Städte. Die Armut zwingt sie, jede Arbeit anzunehmen. Viele von ihnen verrichten für geringsten Lohn schwere Arbeiten.

135.1 *Suburb in Phoenix (Arizona)*

A1PIX/Your Photo Today, Taufkirchen: 55.2; agenda, Hamburg: 72.4 (Jörg Boethling); Agentur Focus, Hamburg: 5.5 (Menzel), 28.2, 53.1, 75.1, 117.2 (Menzel); akg-images GmbH, Berlin: 42.1, 50.1; alamy images, Abingdon/Oxfordshire: 13.1 (Megapress), 24.1 (Kumar Sriskandan), 57.b (© Cultura), 79.2 (Troika); ALCS Authors Licensing & Collecting Society, London EC1N 2LE: 103.2 (Photoshot); argus Fotoarchiv GmbH, Hamburg: 92.2 (Hartmut Schwarzbach); Associated Press GmbH, Frankfurt/Main: 81.3 (Sebastian John); Associação Escolar e Beneficente Corcovado / Escola Alemã Corcovado - Deutsche Schule: 63.3; Stefanie Bacigalupo, Kulmbach: 131.1; backstage7-picture, Berlin: 63.2 (Petra Preuß); BanaFair e.V., Gelnhausen: 59.3a; Bildagentur Schapowalow GmbH, Hamburg: 63.1 (Food Centrale); bildagentur-online, Burgkunstadt: 35.2; Bilderberg, Hamburg: 116.1+2 (Ginter), 119.a (Ginter), 121.a (Ginter); Blaschczyk: 83.1; Bütow, Greifswald: 17.2, 21.3; Christoph & Friends/Das Fotoarchiv, Essen: 5.3, 20.1 (Xinhua), 49.2 (Russel), 56.7 (W. Hodge), 56.8 (Achim Pohl), 62.4 (Lineair), 66; Cinetext Bildarchiv, Frankfurt/Main: 88.4; Claudia Graefe-Gasior, Ottobrunn: 107.1-3, 108.1, 109.2, 111.1; Coca-Cola GmbH, Berlin: 19.3; Corbis, Düsseldorf: 14.1 (Reuters), 14.2 (Mike Theiss/Ultimate Chase), 22.3 (Ron Chapple), 25.2, 47.1 (Andrew Lichtenstein/Sygma), 56.1 (Blair), 63.4 (Diego Giudice), 84.1, 85.3 (Boutin/zefa), 85.4 (Krasto/Reuters), 99.2, 134.1 (Phil Schermeister); Dear, Los Angeles: 25.3; Egmont Franz Schneider Verlag, München: 16.2; eisele photos, Walchensee: 11.2; F1online, Frankfurt/Main: 4.1 (Andreas Geh), 6 (Andreas Geh), 34.1 (All Canada), 91.2 (Prisma); Fabian, Hannover: 29.2; Fiedler, Güglingen: 60.A, 61.C; Ford-Werke GmbH, Köln: 26.1; Foto Begsteiger KG, Gleisdorf: 34.2; Timo Frambach, Braunschweig: 24.3; Klaus Frantz, Innsbruck: 25.1; Getty Images, München: 13.2 (Ken Stewart), 18.1 (Meridian Studios), 24.2 (Jeff Spielman), 40.3, 49.1 (Mariana Eliano/Cover); Jens Gläser, Braunschweig: 109.1; H. Grabowski, Münster: 21.2; Greenpeace Deutschland e.V., Hamburg: 134.2 (Wendler); Gruschke, Freiburg: 94.2, 95.2; Hellige, Iserlohn: 61.D; Henry Shawn, Gloucester: 117.1, 120.a; Reinhard Herzig, Wiesenburg: 127.2; Hewlett-Packard GmbH, Böblingen: 26.1; Huberbuam, Berchtesgaden: 86.1 (Huberbuam/Alexander Huber), 86.2 (Huberbuam), 87.1 (Huberbuam/Franz Hinterbrandner), 87.2 (Huberbuam/Alexander Huber); Härle, Wangen: 11.1; IBM Deutschland, Ehningen : 26.1; Imaginechina, China-Shanghai: 97.1, 99.1, 102.1; Industriegewerkschaft Metall, Frankfurt/M.: 85.2; Info-Zentrum Schokolade, Leverkusen: 56.5+6; Intel GmbH, Feldkirchen: 26.1; JOKER Fotojournalismus, Bonn: 72.2 (Hady Khandani); Julia Schreiegg, Vilsbiburg: 64.4, 65.1; Jupiterimages GmbH, Ottobrunn: 91.1; Reiner Jüngst, Wolfenbüttel: 85.5; KELLOGG'S, Frankfurt am Main: 26.1; Prof. Dr. Werner Klohn, Vechta: 32.1, 33.2, 132.1, 135.1; Kobal Collection, Berlin: 88.1-3 (DHARMA PRODUCTIONS); KPA Photo Archives, Köln: 118.3 (Transglobe); Kross, Bochum: 45.2+3; Krug, Regensburg: 9.1; Krzemien, Hannover: 29.3, 132.2; laif, Köln: 46.1 (Meyer), 57.a, 58.1, 74.2 (Hoa-Qui), 96.1 (Wolf), 98.1 (Imaginechina), 130.2; Langbein, Freiburg: 83.2; LOOK-foto, München: 4.2 (TerraVista), 38.1 (TerraVista); Mager, Gengenbach: 54.1, 94.1; mauritius images, Mittenwald: 14.3 (Mike Berger/Jim Reed Photography/Photo Researchers), 19.1 (Fabian von Poser/imagebroker), 33.1, 40.2 (Wendler), 50 (Steve Vidler), 51.2 (Cedri), 52.2+3, 58.2 (Wendler), 90.1; Max-Planck-Institut für Züchtungsforschung, Köln: 112.2; mediacolor's Bildagentur, Zürich: 118.2; Müller, Berlin: 74.1, 94.3; Bodo Müller, Bartensleben: 10.1, 19.2, 30.1, 31.2, 32.2, 33.3, 44.1, 64.2, 72, 89.1a-c, 114.1; NASA, Houston/Texas: Vorsatz, 105.2; Nawa, Hannover: 126.1; NOAA, Washington: 15.1; Oso Foto, Venedig: 43.2; Peter Arnold: 64.1 (Kevin Schafer); Philips Deutschland GmbH, Hamburg: 125.1; photothek.net GbR, Radevormwald: 20.2 (Ute Grabowsky); Picture Press, Hamburg: 22.2 (Bettmann), 56.4 (Jörg Hauke); Picture-Alliance, Frankfurt/Main: 21.1, 48.1 (dpa), 52.1, 53.3, 54.2, 62.1 (Lou Avers), 62.2 (ZB-Fotoreport), 70.1, 77.1 (chromorange/Hausjell), 78.2, 78.3 (Rainer Hackenberg), 80.2, 95.1, 98.2 (Wu Hong/epa), 100.1 (dpa), 101.2, 105.1, 106.1 (Chad Ehlers), 129.2 (abaca); Poitschke, Eibau: 113.2-4; Procter & Gamble Germany GmbH & Co. Operations oHG, Schwalbach am Taunus: 26.1; Reinhardt, Pinneberg: 58.3; Michael Rieke, Hannover: 43.1; RUGMARK / TRANSFAIR e.V., Köln: 73.2; Kurt-Dietmar Schmidtke, Melsdorf: 45.4, 46.2, 47.2, 56.9, 62.3, 71.2, 133.1; Wolfgang Schnecke, Chemnitz: 127.3; Schroedel Archiv: 28.3, 31.1; SEWA - Self Employed Women's Association: 81.1; Siemens AG, Erlangen: 53.2; Sinopictures, Berlin: 81.4 (Mohan Gidwani); Staatliches Reisebüro China, Beijing: 101.1; Stiftung "Menschen für Menschen", München: 129.1 (Juergen Wacker); Tischler Fotografen, Emmenbrücke: 5.4, 90.2; TransFair, Köln: 59.3b; ullstein bild, Berlin: 111.2 (AP); vario images, Bonn: 22.1; A. Varnhorn, Bad Vilbel: 29.4; Verlagsgruppe Beltz, Weinheim: 48; Visum, Hamburg: 80.1 (Mikkel Ostergaard), 89.1 (Frank Rothe), 103.1 (M. Henley); Werb, Freiburg: 29.1; Westend61, Fürstenfeldbruck: 10.2 (Fotofeeling); Wetzel, Freiburg: 10.1, 23.1, 55.1, 60.B, 127.1; Wildlife Bildagentur GmbH, Hamburg: 51.3 (B.Luther); www.webport.com: 28.1; www.worldmapper.org © SASI Group (University of Sheffield) and Mark Newman (University of Michigan), Sheffield: 122.1A, 123.1B-D; www.zapatas.de, Allershausen: 46.4 (Haas); XertifiX, Freiburg: 72.5

Trotz entsprechender Bemühungen ist es nicht in allen Fällen gelungen, den Rechtsinhaber ausfindig zu machen. Gegen Nachweis der Rechte zahlt der Verlag für die Abdruckerlaubnis die gesetzlich geschuldete Vergütung.